U0923618

组织文化诊断与变革

DIAGNOSING AND CHANGING ORGANIZATIONAL CULTURE

Based on the Competing Values Framework

卡梅隆&奎因作品

第三版

金·卡梅隆（Kim S. Cameron） 罗伯特·奎因（Robert E. Quinn）◎著

王素婷◎译

中国人民大学出版社

· 北京 ·

前言

本书的目的在于帮助读者（管理人员、教师、咨询师或者变革推动者）诊断和组织文化变革。撰写本书的初衷之一是我们注意到，组织变革和组织优化的失败常常是因为缺乏实施文化变革的能力。另外一个原因则是我们坚信对立价值观模型（Competing Values Framework）可以有效地改进组织和个人在几个重要方面的绩效。我们了解到一些国家的咨询公司已经将之作为服务的关键部分。我们也知道一些公司、政府部门和教育组织通过运用本书介绍的流程和方法显著改善了绩效。此外，也有管理者将我们讨论的原则根据个人情况进行调整运用后，成为更加有效的管理者。当然，我们并不是在宣称找到了“银色子弹”[①] 或者“灵丹妙药”，能够解决所有组织面临的所有管理问题。我们撰写本书只是为了和大家分享一套工具和程序，我们经过实证研究和咨询实践检验，证明它们是一套可以为组织文化和个人行为变革提供帮助的工具和程序。

① 银色子弹（silver bullet）指纯银质或镀银的子弹。在欧洲民间传说及 19 世纪以来哥特小说风潮的影响下，银色子弹往往被描绘成具有驱魔功效的武器，是针对狼人等超自然怪物的特效武器。后来也被比喻为具有极端有效性的解决方法，作为杀手锏、最强杀招、王牌等的代称（整理自百度）。——译者

本书对以下人员最有助益：（1）负责协助组织和管理者开展变革、理解其自身文化的咨询师和变革推动者；（2）乐于帮助学生理解组织文化、变革过程以及该理论框架在指导变革方面所发挥巨大作用的教师；（3）对于识别文化变革的有效领导方式以及如何将个人能力和才干与组织未来环境的要求进行有效匹配感兴趣的管理者。因此，本书不仅适用于大学教学以及培训和开发中心，也可以作为高级管理人员书架上的阅读书目，同时还可以作为员工读物，放在参与组织变革的员工开会的会议桌上以供阅读。

本书将让读者有三大收获：（1）经过验证的组织文化和管理能力诊断工具；（2）理解组织文化的理论框架；（3）组织文化和个人行为变革的系统性策略。从一定意义上讲，这本书可当作工具书，大家既可以掌握书中提供的工具并绘制出文化轮廓图，还可以利用本书引领文化变革过程。此外，本书提供的管理能力评估工具还有助于促进个人变化，以支持组织实现期望的文化变革。本书还为阐释文化类型提供了一个有力的框架。该框架可能是世界上文化评估中使用最多的模型，也被证明是最为有用的，它可以用于各种公司，厘清变革过程，并促发显著的管理领导力改进。

第一章讨论了了解组织文化的重要性及其在促进或抑制组织改进工作成效中发挥的核心作用。我们阐释了文化变革如何推动组织有效性极大提升——或者成为组织实现目标的主要障碍。

第二章介绍了组织文化诊断工具以及填写和评分指导。组织文化评估量表（Organizational Culture Assessment Instrument，OCAI）勾勒了组织文化的整体轮廓，对组织文化的六个维度进行了评估。这些维度是基于组织运作的理论框架以及形成组织文化的价值观类型。OCAI 识别了组织文化的现状以及组织的文化期望或者未来变革的样态。

第三章对 OCAI 的理论框架基础进行了更加深入的阐述。该框架——对立价值观模型——揭示了决定组织不同特性的潜在价值观导向。这些价值观导向一般是相互排斥或者彼此冲突的。该章解释了这些价值观以及组织文化如何由此衍生并随时间改变，还阐述了这一模型如何用于理解组织的各种现象，包括组织结构、质量、领导力和管理技能。

第四章介绍了如何逐步形成组织文化的轮廓图，识别出组织文化变革应该采取的方式，以及实现文化变革应采取的策略。为了进行比较，我们还在该章提供了大约 1 000 家公司的文化信息。

第五章提供了一个包含九个步骤的方法论，用于指导形成文化变革策略。同时我们还在该章展示了一些组织如何使用 OCAI 诊断其当前以及期望的组织文化。我们对组织如何设计策略改变现有文化以更好地匹配其期望的文化进行了说明。其中的例子和方法论为管理者和变革推动者——他们对所在组织的文化变革负责——提供了系统的指南。

第六章集中介绍为支持和促进文化变革，个人需要做出的改变。该章阐述了典型的有效管理者所具备的关键管理能力，同时还提供了一套方法帮助管理者制定个人能力提升计划。其中涉及的诊断工具被世界范围内 1 000 多家公司的管理者使用过。诊断工具的使用在将管理能力和期望的文化变革进行匹配的过程中非常重要。

第七章总结了本书的要点，并提供了指导文化变革工作的缩编版方案摘要。

本书共有五个附录。附录A包含对OCAI和对立价值观模型的严谨、科学的讨论。其目的在于为研究者和组织领域的学者提供他们可能需要的证据，以便使用该工具研究组织文化和文化变革。此处不仅提供了关于OCAI效度和信度的定义，还包括对文化定义的讨论，以及文化变革对有效性的重大影响。相较于管理者和变革推动者而言，研究者和组织领域的学者可能对这些资料更感兴趣。

附录B为管理技能评估量表（Management Skills Assessment Instrument，MSAI），该工具可以帮助管理者识别他们需要培养或改进的重要技能，以便促进文化变革。在介绍评估量表所包含的内容之前，我们先探讨该工具的效度和有益之处。作为管理能力调整（以与组织文化变革计划一致）策略的一部分，我们为参与文化变革工作的管理人员提供了关于如何获得评分结果和反馈的信息。

附录C就如何在四种类型的企业文化中实施文化变革给出了建议。这些建议只是用来抛砖引玉、投砾引珠，还需要更多的帮助。它们来自本书中描述的那些曾参与文化变革过程的管理者和变革推动者。

附录D包含基于MSAI的管理技能和能力改进建议的清单。这些建议是由成功实现个人转变、提升个人管理能力的管理者提供的。

附录E包括其他一些用于文化变革方案中的绘制图和轮廓图。

在本版中，我们更新了一些成功实施文化变革的组织案例，以及有助于实施文化变革的描述和干预措施。由于我们持续收集使用OCAI

和 MSAI 的数据，本书对相关的比较数据进行了更新。我们报告的数据库包含大约 10 000 名受访对象的信息。为了帮助读者将所在组织的文化轮廓与行业平均状况进行比较，本书还介绍了特定行业的文化轮廓。此外，我们对引领文化变革过程的阐述加以完善。这是基于我们近期的干预和研究项目，从而让引领文化变革的工作步骤更加紧密地贴合最有效的变革实践。

金・卡梅隆

罗伯特・奎因

致谢

在过去几年致力于组织文化研究的过程中，我们从众多同事那里获得了很多知识和信息。尤其是杰夫·德格拉夫（Jeff De Graff）、罗伯特·霍伊博格（Robert Hooijberg）和弗兰克·彼得罗克（Frank Petrock），他们对文化变革的方法论进行了深入透彻的思考。一些同事对我们的框架进行了富有洞察力的研究，提供了大量信息，包括韦恩·布罗克班克（Wayne Brockbank）、李·科莱特（Lee Collett）、丹·丹尼森（Dan Denison）、苏珊·费尔曼（Susan Faerman）、莎拉·弗里曼（Sarah Freeman）、杰克·克拉科多尔（Jack Krackower）、凯瑟琳·劳伦斯（Katherine Lawrence）、特雷弗·里特谢尔（Trevor Leutscher）、迈克尔·麦格拉思（Michael McGrath）、卡洛斯·莫拉（Carlos Mora）、约翰·罗尔博（John Rohrbaugh）、格雷琴·斯伯莱茨（Gretchen Spreitzer）、迈克尔·汤普森（Michael Thompson）、戴维·乌里奇（David Ulrich）、阿瑟·杨（Arthur Yeung）和雷·扎姆托（Ray Zammuto）。本书之前版本中卓越的见解和建议是迪克·贝克哈德（Dick Beckhard）、艾德·沙因（Ed Schein）和约翰·范梅南（John Van Maanen）提出的，彼特·弗罗斯特（Peter Frost）、汤姆·格雷瓜尔

（Tom Gregoire）和迪恩·泽尔（Deone Zell）进行了审阅。我们还要特别感谢主编，来自乔西－巴斯出版社（Jossey-Bass）的凯西·斯威尼（Kathe Sweeney），她为我们提供了持续的帮助，也因此建立了长久的友谊，还有该出版社由玛丽·加勒特（Mary Garrett）领导的团队，他们为我们提供了有力的支持。虽然书中可能有错误、疏漏之处及有失偏颇的观念，但他们已经尽了最大努力。

最为重要的是，我们感激、感谢心爱的人，梅林达（Melinda）和德尔萨（Delsa），以及我们的孩子卡特里娜·卡梅隆·波利（Katrina Cameron Powley）、迪亚娜·卡梅隆·布洛杰特（Tiara Cameron Blodgett）、阿舍·卡梅隆（Asher Cameron）、切尼·卡梅隆（Cheyenne Cameron）和卡姆·卡梅隆（Cam Cameron），以及莎瑞·奎因（Shauri Quinn）、瑞安·奎因（Ryan Quinn）、肖恩·奎因（Shawn Quinn）、克里斯廷·奎因（Kristin Quinn Ellis）、特拉维斯·奎因（Travis Quinn）和加勒特·奎因（Garrett Quinn）。彼此的爱以及共同的爱创造了一种我们永远不想改变的文化。

目录

第六章

个人变化是文化变革的关键

第七章

组织文化变革的简略方案

附录 A

组织文化评估量表：定义、维度、信度和效度

附录 B

管理技能评估量表的心理测量分析

附录 C

各类型组织文化变革的实施建议

附录 D

改进个人管理能力的建议

附录 E

轮廓绘制图

01

第一章

组织文化变革简介

不同于十年前，稳定、相同或者维持现状不再是21世纪的组织值得炫耀的资本。人们更多地将稳定视为停滞不前而非发展稳健，认为没有进行变革或转型的组织不过是在负隅顽抗。以往与重大组织变革相伴出现的不确定性所导致的惊慌失措，早已由维持不变带来的不确定性所导致的恐慌取而代之。

“现代管理学之父”彼得·德鲁克（Peter Drucker）曾总结说：“我们正处于每两三百年才会出现一次的重要历史时期，在这一时期，人们不再理解这个世界，以往的认知也不再能解释未来”（Childress & Senn，1995，p.3）。永不间断、不可预测甚至有时会引起恐慌的变革对于任何一个组织而言都是艰难的，很难维持现状，很难精确地预测未来，也很难保持当前的发展方向。即使是策划非常周密的组织变革方案，其失败率也足以让人望而生畏。例如，大家耳熟能详的企业再造、全面质量管理（total quality management，TQM）、战略规划、组织精简等组织变革，高达四分之三的组织最终以彻底失败告终，或者因由此引发的严重问题而危及组织的生存（Cameron，1997）。其中最令人感兴趣的是有关失败原因的报道。一些研究认为人们援引最多的原因是对组织文化的忽视。换句话说，组织文化变革的失败注定了组织的其他变革必然会失败（Caldwell，1994；CSC Index，1994；Gross，Pascale & Athos，1993；Kotter & Heskett，1992）。

我们撰写本书的目的不是给出一种能够妥善处理当前动荡不安

局面的“灵丹妙药”，也不是引入一种新的管理“时尚潮流”。我们赞同汤姆·彼得斯（Tom Peters）的观点，置身于快速变化的环境中，“如果你尚未感到困惑，说明一切还没引起你的注意”。困惑重重，但良药颇多，甚至有多种“万能妙药”。其实我们撰写此书的想法非常质朴，而且我们相信这样做对大家更有益：本书提供一个框架、一个合理的工具、一系列系统性的步骤和一套方法论，帮助管理者和他们所在的组织进行调整以不断适应环境。本书的关注点更多地在于提供帮助管理者改变组织最基本要素的方法和机制，而不是探讨正确答案。本书所提供的方法适用于组织中任何一个层级的管理者，用以指导最基本层面即文化层面的变革过程。本书为组织内外部的变革推动者提供了一套系统的策略，推动组织根本层面上的变革，这样做既可以支持组织其他变革方案的实施，也可以作为它们的补充。

管理组织文化的必要性

大多数学术文献认为成功的公司——它们拥有持续的盈利能力以及高于平均水平的财务收入——都会在某个方面具备有利的条件（最早见于 Porter，1980；Barney，1991）。至少有以下六个条件被认为至关重要。

第一个条件为进入门槛高。如果其他公司在进入与我们组织相同的业务领域时面临巨大的障碍——比如，高成本、特殊技术或者拥有知识产权的知识——那么我们的组织可能就没有竞争者，即使有也很少。竞争小就意味着公司可以获得更多的利润。

第二个条件为不可替代的产品。如果其他的组织不能复制我们公司的产品、服务，也不存在可以替代的产品——比如，我们是某种产品或服务唯一的供应商——那么我们获得较高的利润就在情理之中。相似地，如果我们的产品或者服务不能被模仿，或者说其他公司模仿或复制非常困难，我们就会面对较少的竞争者，从而获得更多的收益。

第三个条件为由高市场份额带来的成功，因为高市场份额可以让我们的公司实现规模效应和高效率。市场份额最高的组织具有谈判的实力，可以获得某些特许权，可以降价销售产品，可以实现垂直一体化[①]，甚至可以收购小规模的竞争者，从而获取更好的收益。

第四个条件为购买者讨价还价的能力弱。举例来说，如果购买者因为没有其他的供应渠道对我们的产品具有依赖性，那么我们获得较高的收益就是显而易见的事情。如果我只能从一个地方购买天然气，就会受制于此，不管定价多高，我只能被动接受。

第五个条件为供应商的议价能力弱。与客户一样，如果供应商没有其他选择而依赖我们公司，那么我们将获得较高的收益。供应商只

① 垂直一体化（vertically integrate）分为前向一体化和后向一体化。前向一体化就是通过兼并和收购若干处于生产经营环节下游的企业实现公司的扩张和成长，如制造企业收购批发商和零售商。后向一体化则是通过收购一个或若干供应商以增加盈利或加强控制，如汽车公司对零部件制造商的兼并与收购（整理自百度）。——译者

能将产品卖给我们公司，我们就能通过谈判得到对公司有利的价格和供货时间、更高的质量水平或者更多的专营属性。

第六个条件为其他竞争者之间的竞争。它们的竞争有助于转移注意力，从而避免与我们公司进行正面交锋。它们在彼此的较量中艰难求生，无暇将我们公司视为主要的对手。同样重要的是，激烈的竞争会提升整个行业的绩效标准。有动力去改进是激烈竞争的产物之一（Porter，1980；Barney，1991）。

毋庸置疑，这些理想的特征显然会帮助组织获得财务上的成功。但值得关注的是，在过去30年里最成功的美国公司几乎都不具备以上任一有利条件。过去30年的顶尖公司——它们的财务收入令竞争对手望尘莫及——没有谁是这些所谓成功先决条件的受益者。《财经》（*Money*）杂志提到，1997—2002年股票市场表现最佳的公司包括：美国西南航空公司（Southwest Airlines，年平均收益率为25.99%）、沃尔玛（Walmart，年平均收益率为25.97%）、堪萨斯城南方工业公司（Kansas City Southern，年平均收益率为25.61%）、沃尔格林（Walgreen，年平均收益率为23.72%）、康卡斯特（Comcast，年平均收益率为21.99%）和克罗格（Kroger，年平均收益率为21.16%）。

仔细想一下。如果你准备创业并且想大赚一笔，那么你肯定不想进入航空、折扣零售、交通、媒体传播和食品杂货等行业。位于最成功企业榜单上的这些公司所代表的行业对于新进入者而言意味着大难临头：竞争异常激烈，损失惊人，破产者比比皆是，基本没有进入壁垒，几乎不需要任何特定技术，有大量的替代产品和服务，也没有一家公司在进入行业时就占据了领导地位。虽然没有任何竞争优势，它们却在过去 30 年里超越了所有的竞争对手，独占鳌头。

离我们更近一些的例子就是其他一些卓越的公司同样不具备这些传统的竞争优势。苹果（Apple）在 1998 年九死一生，几近破产，现在已经成为全球五大最具价值的公司之一，市值超过微软（Microsoft）。苹果进入的行业市场成熟、竞争者林立，包括微软、摩托罗拉（Motorola）、诺基亚（Nokia）、IBM 和戴尔（Dell）等，当时它不具备任何可以预示未来成功的竞争优势。与之相似的是，皮克斯（Pixar）作为一家动画电影公司，面对的竞争对手是久居行业龙头的迪士尼（Disney），然而在其不足 30 年的发展历程中，共创作了 11 部作品，部部大热。这是行业内史无前例的纪录。皮克斯制作的每部电影都会得到奥斯卡奖项提名，其中四分之三成功获得了该奖项。

是什么造成了这些卓越的公司与其他公司之间的差异？它们怎样在其他公司失败之时取得成功？为什么沃尔玛能超越西尔斯（Sears）和凯马特（Kmart）这两个世界上最大的零售巨头——形象的说法就是抢了它们的午餐？当沃尔玛的发展如日中天之时，它最大的竞争对手却被迫低价出售业务单元、更换 CEO（不止一次）、大幅裁员、关闭批发商店。为何西南航空公司得以迅速发展，而它的一些竞争者却走向了破产（回忆一下美国东方航空公司（Eastern）、泛美航空公司（Pan Am）、得克萨斯航空公司（Texas Air）和美国人民捷运航空公司（People Express））？苹果和皮克斯如何在竞争对手占绝对主导地位的行业市场上赢得竞争——苹果的竞争对手为微软，皮克斯的竞争对手为迪士尼？而且苹果和皮克斯获得的成功是20年前人们所无法想象的。

这些案例成功的关键要素并不是实体形式的存在，亦不是显而易见的要素，却发挥了前述市场要素难以比拟的影响力。这些公司的主要突出特征——它们最为重要的竞争优势，也是这些公司共同强调的成功关键要素之一——就是组织文化。

这些公司之所以持续获得成功，相对于市场要素，公司价值观发挥着更大的作用；相对于市场定位，个人信念发挥着更大的作用；相对于资源优势，企业愿景发挥着更大的作用。事实上，我们很难说出哪一家公司非常成功、被视为行业领导者，却没有特色鲜明、易于辨识的组织文化。我们可以罗列出所知道的最为成功的公司，从行业巨头诸如可口可乐（Coca Cola）、迪士尼、通用电气（General Electric）、英特尔（Intel）、麦当劳（McDonald's）、微软、乐柏美（Rubbermaid）、索尼（Sony）和丰田（Toyota），到一些刚开始起步的小型创业公司。几乎每一个我们能说出名字的公司，无论规模大小，都形成了公司员工可以清晰识别的文化。这种文化有时是由公司的创始人（如华纳·迪士尼）创建的；有时是随着公司的发展，在面对公司环境所造成的挑战的过程中出现的（如可口可乐）；有时是公司的管理团队为了系统地改善组织绩效而有意识发展的（如谷歌（Google））。简而言之，成功的公司形成了优于组织战略、市场形象和技术优势且具有特殊性的要素。显然，公司战略、市场形象和技术非常重要，但这些成功的公司充分利用了发展和管理独特公司文化所蕴含的巨大力量。这种力量的产生源于强大、独特的公司文化能够降低共同面对的不确定性（即促进公司员工形成共同的认识体系）、创建社会秩序（让员工清楚哪些是公司期望的）、产生持续性（员工新老更替，关键的价值观却保持不变）、形成认同感和忠诚度（将员工凝聚在一起），并为员工指明了未来的发展愿景（激励员工不断前进）（Trice & Beyer，1993）。

现在，大多数组织领域的学者和观察者认为组织文化对组织的绩效和长期成效有巨大的影响。实证研究已有一系列引人注目的发现，表明文化对于提升组织绩效至关重要（Cameron & Ettington，1988；Denison，1990；Trice & Beyer，1993）。

科特和赫斯克特（Kotter & Heskett，1992）访问了 75 位享有盛誉的金融分析师，他们的工作就是密切关注特定行业和公司的发展动态。每位分析师将 12 家非常成功的公司与 10 家绩效较差的公司进行比较。尽管这些分析师有思维定式，注意力几乎全部集中于确凿真实的财务数据，但在 75 位分析师中，只有一人认为文化对公司绩效几乎没有或者根本没有任何影响。其余的分析师均认为文化是公司取得长期财务成功的关键要素。在本书附录 A 中，我们总结了一些科学研究的成果，它们证明了组织文化的维度与组织有效性之间存在正相关关系。如果读者对支持本书所介绍的评估程序和文化变革方法论的实证证据感兴趣，附录 A 将会是有用的学术文献综述。

除了对组织层面的影响，文献也很好地记录了组织文化对个人（员工士气、忠诚度、生产力、身体健康、情绪状态）产生的影响（Kozlowski，Chao，Smith & Hedlund，1993）。在健康护理成本飞涨、达到历史最高水平的情况下，员工忠诚度下降意味着每年需要在员工替换和培训上花费几百万美元；因为员工暗中破坏和不尽职，公司的商业秘密被窃取；不满的员工与企业对簿公堂并进行其他形式的报复；组织潜在的文化对员工的影响同样也是一个需要关注的重要领域。而且，我们稍后将会解释组织变革归根到底是个人改变。除非管理者愿意做出改变，否则组织文化将坚如磐石，不可能改变。

本书主要的关注点在于帮助管理者、变革推动者和学者促进和管理组织文化变革。我们的目的在于帮助人们使用有效的文化诊断和变革方式，提高组织绩效。我们不仅提供了实施变革的框架和方法论，还引入了一个个体层面的变化模型，以促进组织文化转型，实现个人管理行为与文化变革的协调一致。既然文化是组织实现长期有效性的关键要素，负责研究和管理组织文化的人员就必须具备测量文化关键维度、设计变革策略以及启动实施过程的能力。本书有助于实现这些目标。

首先，我们将讨论大多数组织都迫切需要开展文化变革。频繁变化、动荡不安的外部环境带来了风险：组织当前的文化会阻碍而非促进企业未来的成功。此外，我们还将简要介绍组织文化这一术语的含义。为了解文化变革如何提升组织绩效，我们需要清楚什么是文化，什么不是文化，这一点很重要。所有这些都为引入组织文化关键维度的模型奠定了基础。

与该模型一起，我们会分别介绍文化诊断工具和变革实施的方法，补充与该模型相匹配的个人管理能力诊断工具和改进工具。我们还会介绍成功实践了这些方法的公司案例，并提供其他公司成功实施文化变革的实践方法。

换言之，本书既是一本工具书，也是一本资源指导书。之所以称它为工具书，是因为它可以帮助管理者和变革推动者进行系统的文化诊断和变革。它有助于明确组织文化当前和未来期待的文化轮廓，同时描述了从当前状况到实现期望的文化所需实施的过程。此外，它还将个人变革的方法与组织文化变革的方法进行了关联。

之所以称本书为资源指导书，是因为它有助于解释文化的关键维度，并为理解文化形式呈现了一个理论框架。也就是说，本书介绍了在启动文化变革时寻找什么，以及将个人变革和组织变革关联在一起的方法。对该文化变革工具的效度感兴趣的读者，可以查阅本书附录A和附录B提供的研究证据汇总。

文化变革的需要

由于外部环境快速、剧烈的变化，组织中的变革已经成为一种普遍现象。组织运营的环境要求组织作出改变，做不到这一点常常会导致组织的灭亡。20 世纪初最大的 100 家公司中，只有 10 家存活至今。名列《财富》杂志第一份 500 强榜单的公司，目前只有 29 家仍在其中。在过去的十年中，46% 的《财富》500 强公司滑落榜单。

如果要猜一猜哪个国家拥有如下特征，试想你将选择的国家：世界上人均国民收入最高，拥有最为强大的军事力量，拥有广为认可的世界商业和金融中心，拥有最为完备的教育体系，是世人公认的创新和发明领军者，提供了全球的价值观标准，并拥有最高的生活水平。答案一定会出乎你的意料：这个国家就是 1900 年的英国。但是在 20 世纪和 21 世纪发生了翻天覆地的变化。

这些剧变几乎影响了世界的方方面面。例如，2010 年需求量最大的工作在 2004 年尚不存在。这对教育的启示是我们要帮助学生为今天还不存在的工作做好准备，使用今天尚未诞生的技术解决目前还不知道的问题。新科技信息在不到两年的时间内就会翻倍增长。这对于高等教育阶段的学生意味着，他们学习的内容至少有一半会在两年内过时，其余的一半则会在毕业时再缩水一半。美国劳工部（U.S. Department of Labor）预计今天的学生在 38 岁前会更换 10 ～ 14 份工作。

每月会出版 6 000 本商业书籍，每天出版的各种新书超过 3 000 本（而每本书的销量越来越小）。据预测，2013 年前会出现超越人类大脑计算能力的超级计算机，到 2023 年，价格仅为 1 000 美元的成品电脑将具有超越人类大脑的能力。这意味着，在不到十年的时间里，电脑可能会发明出一些人类也无法理解的事物。甚至有人预测到 2049

年，价值 1 000 美元的电脑的计算能力将超越整个人类。

信息爆炸引发了技术的快速变化，形成了不能容忍维持现状的环境。现在普通手表的计算能力已经超越 1960 年之前世界上全部的计算能力。目前的技术可以实现将一台电脑拥有的功能嵌入一块手表，或者将相当于一台笔记本电脑拥有的功能注入血液。最新的计算机技术是将功能刻入微粒而不再是硅晶片。绘制人类基因组或许是最大的变化源动力，因为通过嫁接可将香蕉变为人类抵抗疟疾的药物，新器官的培育和生理机能的调整也必然会极大地改变人类的生活方式。到目前为止，与动物有关的专利有 100 多种，基因工程领域每年有 400 多万个新的专利申请（Enriquez，2000）。

几乎无人敢预测下一个十年会发生怎样的变化。虽然变化无处不在、不可预测，但是几乎所有人都认为变化的速度将会出现指数级增长（Cameron，2003；Quinn，2000）。如此快速、剧烈的变化意味着没有一个组织可以在维持现状的情况下长久生存和发展。因此，目前的挑战不在于是否要进行变革，而是如何变革才能提升组织的有效性。毋庸置疑，某些《财富》500 强公司的没落是由其缓慢、滞后和出现方向性错误造成的。

例如，过去 20 年最为常见的组织变革是围绕全面质量管理（TQM）、规模缩减和企业再造进行的（Cameron，1997）。开展质量工作的公司原本期望增强组织有效性，结果发现大失所望。咨询公司瑞斯壮（Rath and Strong）对位列《财富》500 强的公司进行调研，只有 20% 的公司自认为实现了既定的质量目标，超过 40% 的公司认为其质量方案是完全失败的。咨询公司麦肯锡（McKinsey）对 30 个质量项目进行研究，发现三分之二中途搁置、没有实现预期目标或者彻底失败。安永会计师事务所（Ernst and Young）对来自美国、日本、德国和加拿大等国家四个行业（汽车、银行、计算机和健康医疗）的 584 家公司进行的研究表明，大多数组织没有成功实施 TQM 工作。大多数公司将 TQM 视为一项失败的工作（参见 Cameron，1997，其中有关于各种研究的细节，包括此处提到的）。

类似地，几乎每家中等规模以上的公司在过去 20 年里都缩减过规模。这是另外一项致力于改进生产力、效率、竞争力和有效性的尝试。遗憾的是，实施规模缩减的公司 10 年后的股票价格均低于行业平均水平。对六个工业化国家的公司高层管理人员进行的调研发现，只有不到一半的公司实现了降低成本的目标，极少数公司能够实现运营目标如提高生产力。另一项面向开展过规模缩减工作的公司高级管理者的调研表明，74% 的人认为公司的士气、信任和生产力会受到负面影响。而一项针对 1 468 家公司开展的调研发现，一半的公司的生产力在实施规模缩减后反而下降，实施规模缩减后四分之三的公司在很长时间内境况远不如前。对此开展的第四项研究的结论是，大多数公司在规模缩减后并未实现预期目标，只有 9% 的公司称其质量得到了改进。这些结果使得一位评论家认为公司是在“规模弱化”而非规模缩减，另一位评论家得出的结论是“作为一项普遍的企业实践，规模缩减完全是一颗无用的哑弹”（Cameron，1997）。

提升组织绩效第三种常见的方式是企业再造——试图全面重构组

织的流程和程序。但是与 TQM 和规模缩减的努力相似，证据表明这一变革路径同样是成败掺杂。提出企业再造变革的咨询公司对美国 497 家公司和欧洲 1 245 家公司进行了调研（CSC Index）。结果表明，美国 69% 的公司和欧洲 75% 的公司至少实施过一个企业再造项目。遗憾的是，其中 85% 的公司称该项工作徒劳无获。例如，只有不到一半的公司扩大了市场份额（公司最重要的目标之一）。

研究者得出的结论是企业再造不足以实现期望的变革。它需要和全面改变组织文化一并实施。换言之，大多数情况下，企业再造的失败是因为组织文化没有发生任何改变（TQM 和规模缩减同样如此）。这些程序只是被视为变革的一种技术或者一个项目，而不是对组织发展方向、价值观和文化的彻底改变。

通过以上例子我们想要表达的观点是，如果没有根本性的改变，也就是组织文化变革，组织绩效想要取得持续改进无异于痴人说梦。尽管公司采用了各种工具和技术，满怀热情地实施了变革策略，但是很多改进组织绩效的工作以失败告终，这是因为组织根本性的文化——价值观、思维方式、管理风格、范式、问题处理方法——没有任何改变。

对 100 多家试图通过实施 TQM 和规模缩减策略提升组织有效性的组织进行的多项实证研究获得了大量的证据，均揭示了这一事实（Cameron，1995，1998；Cameron，Bright & Caza，2004；Cameron，Freeman & Mishra，1991）。这些研究的结论明确提出：TQM 和规模缩减项目能否成功实施并提升组织绩效的有效性，取决于这些优化策略与文化变革的融合。如果 TQM 和规模缩减项目独立于文化变革，它们一定不会取得成功。如果将组织文化作为变革的目标，而 TQM 和规模缩减只是整个变革工作必不可少的一部分，那么这些项目会取得成功，组织的有效性也会得到提升。总之，文化变革是关键。

组织优化之所以依赖于文化变革，是因为如果价值观、导向、定义和目标维持不变——即使程序和策略发生变化——组织将很快又回到现状。对个体而言同样如此。尽管有很多项目在帮助个人改变，如饮食控制、运动养生或者富有激励性的研讨会，但个性类型、个人风格和行为习惯很少会产生显著变化。如果基本目标、价值观和组织对个人的期望不发生变化，变革只能是蜻蜓点水、昙花一现（Quinn，1996）。

失败的变革常常会在组织成员中引起冷嘲热讽、挫败失望、信任丧失和士气低落。正如我们的研究所表明的，组织会比没有实施变革战略之前更糟。换言之，重塑组织文化是现代组织成功实施重大改进策略（TQM、规模缩减和组织再造）、适应日益变化的环境的关键。

文化变革的力量

我们看一下位于加利福尼亚州弗里蒙特市通用汽车（General

Motors）整车厂的案例。20 世纪 50 年代，通用汽车实施了一项称为“阳光地带”的战略：将工厂建在美国南部和西部的一些州。因为这些州都是“劳动权”地区（没有工会），全美汽车工人联合会（United Auto Workers，UAW）认为公司的这一举措是在躲避工会。最终的结果是，通用汽车的新工厂不仅由 UAW 组织，还成了整个公司敌意最深、冲突最严重的工厂。

尤为麻烦的问题是，加利福尼亚州弗里蒙特市的工厂是雪佛兰诺瓦（Chevrolet Nova）车型的总装地。这个工厂拥有庞大的生产场地，厂房占地几百万平方英尺。但是 1982 年以前，这个工厂一直经营惨淡。该工厂每年的缺勤率高达 20%，每年员工的申诉材料大约有 5 000 份——相当于整个工厂全部员工的数量。这意味着平均每个工作日有 21 起员工正式申诉！然而超过 2 000 起未能得到解决。员工有时会离开工作岗位参加“野猫”罢工①（wildcat strike），这种状况每年发生三四次。该工厂整车组装的成本比日本竞争对手高出 30%，销售呈下滑趋势，工厂的质量和生产力在整个公司排名倒数第一。更糟的是，顾客对雪佛兰诺瓦的产品满意度跌入谷底。

工厂尝试过各种各样的改进项目——如质量小组②（quality circle）、员工关系改进方案、数据过程控制、新激励体系、加强管控和规模缩减等，但是全部以失败告终。质量、生产力和满意度水平仍

① “野猫”罢工是指未经工会讨论批准，员工自发组织的罢工。

② 质量小组是指工作相同或相似的员工定期会面，共同识别、分析和解决工作中存在的问题。该小组一般人数不多，由一名主管和经理领导，他们提出解决办法，员工则尽可能执行，以期改进绩效并对员工起到激励作用。

然糟糕至极。当然，我们不需要请一位业内专家来作出判断，因为情况是显而易见的：继续维持现有绩效水平会给公司带来难以承受的损失。那时，公司的声誉和全部业务（如凯迪拉克（Cadillac）、别克（Buick）、奥斯莫比（Oldsmobile）、庞蒂克（Pontiac）、雪佛兰（Chevrolet）和GMC）均因产品质量差遭受损失，过高的成本使得工厂运行不堪重负，但是管理层除了忍受员工带来的痛苦，别无良策，最后只能决定关闭工厂。

通用汽车做了一些有意思的事情。它曾与最厉害的竞争对手丰田旗鼓相当，可以完成汽车的设计和生产。但当时的情况是，丰田不断从通用汽车那里抢走市场份额，丰田生产体系被视为全球最佳模式，而通用汽车深陷困境，千方百计补救其极差的绩效表现，尤其是处理被关闭的弗里蒙特工厂。

丰田抓住机会一跃而起。虽然通用汽车是全球最大的公司，拥有全球最大的供应商和销售商网络，但给了丰田可乘之机，让它在美国市场上站稳了脚跟。在两家公司建立合资公司时，通用汽车提供了弗里蒙特工厂，并要求厂区结构不能改变、原有设备不能更换。丰田答应了这些条件。通用汽车认为由于劳资协议问题，合资公司很可能招不到员工。公司必须先雇用UAW的成员，并根据年资排序。年龄最大也是最顽固的老员工，对管理层抱怨已久，却是第一批回归岗位的。丰田对此欣然接受。丰田只有一项要求，就是让来自丰田而不是通用汽车的管理者运营该工厂。通用汽车对此没有异议。

在关闭大约一年半后，弗里蒙特工厂重新营业。工厂更名为

NUMMI——新汽车联合制造公司（New United Motors Manufacturing Incorporated）。前两年，工厂继续生产雪佛兰诺瓦。之后这一产品退出，工厂开始生产 Geo Prism 和丰田卡罗拉[①]（Toyota Corolla）。表 1－1 展示了弗里蒙特工厂和 NUMMI 运营一年后的绩效数据。

表 1－1　弗里蒙特工厂和 NUMMI 工厂对比表

	关门停业前 弗里蒙特工厂	重新运营后 GM NUMMI 工厂
员工（人）	5 000	2 500
缺勤率	20%	2%
未解决的申诉事件	2 000	0
一年总申诉事件	5 000	2
“夜猫”罢工（次）	3～4	0
产品	雪佛兰诺瓦	Geo Prism、丰田卡罗拉
每辆车的整装成本	比日本高出 30%	和日本水平相同
生产力	在通用汽车公司中最低	是通用汽车公司平均水平的两倍
质量	在通用汽车公司中最低	在通用汽车公司中最高
顾客满意度	在通用汽车公司中最低	在通用汽车公司中最高

NUMMI 工厂的销售趋势一路向上，质量和顾客满意度在公司内排名第一，丰田卡罗拉与同期在日本生产的水平相当的车型相比，出现的小故障更少，生产力翻番，质量和顾客满意度在整个公司内部最高。NUMMI 工厂在通用汽车 2009 年申请破产时关闭，但是在此之前，NUMMI 一直是公司内部开展有效变革的卓越案例。

这般天翻地覆的变化是如何发生的？什么才称得上巨大的绩效改

① 丰田卡罗拉也译为丰田花冠。——译者

进？当然，这会涉及大量因素，从对一名在 NUMMI 工作了 20 多年的生产人员的访谈中，可找到关于决定因素的最佳解释。他被要求对感受到的通用汽车管理的工厂和合资后的工厂的差异做出描述。

这位 UAW 成员说，在成立合资公司之前，他会在晚上回家后对白天想到的搞砸公司的点子感到洋洋得意。例如，他会将三明治丢在车门处。“一个月后，顾客开车时发现有股怪味却找不到来源。那一定是我丢在车门处的三明治变质了。”或者他不会将支架之间的螺丝拧紧。车里的人永远不清楚车内咯吱的声音来自哪里，因为它会在整个车里回响。“他们永远发现不了。”

“现在，”他评价说，“因为分工种类大幅减少（从原来的 150 种变成 8 种），我们每个人都可以拥有自己的商业名片，可以设定自己的工作头衔。我名片上的头衔是‘焊接优化总监’。”他的工作是监控使用点焊方法生产车架零部件的机器人。“现在，去观看旧金山淘金者队或金州勇士队的比赛时，或者去商场时，我会在停车场寻找丰田卡罗拉。如果看到一辆，我会掏出自己的名片，在背面写下‘这辆车是我制造的，您遇到任何问题都可以打我电话’，压在挡风玻璃雨刮器的下面。我这么做是因为我认为自己对这些车负有责任。”

弗里蒙特工厂关闭之前与十年后（也就是该次访谈进行时）的鲜明对比反映了组织文化的变革。这是一种基于价值观、深入骨髓的改变，在十年的时间里员工看待世界的方式变得完全不同。员工以一种不同的方式对待公司和他们在公司中的角色。公司文化的这种变化直接带来了更高的生产力、质量、效率和士气。

关于 NUMMI 的文化为何能发生如此巨大的变化，一言难尽。文化变革涉及诸多要素，与其他类型的变革一起进行，同时涉及个人改变与组织变革。而如何启动该过程以及如何引领成功的文化变革正是本书的目的所在。每个体系都存在组织惰性，阻碍组织进行根本性的文化变革，除非有意识且持续地实施文化变革，否则会一直保持现状。

文化变革的意义

关于文化的定义虽然有 150 余种（Kluckhohn，Kroeber & Meyer，1952），但组织文化主要有两大学科基础：社会学（组织拥有文化）和人类学（组织就是文化）。对组织内部文化的研究发现，大多数人认为文化的概念涉及对视为理所当然的价值观、潜在假设、期望和组织及其成员特征的定义，即功能性的社会学观点占据主流。对组织文化的大多数讨论（Cameron & Ettington，1988；O'Reilly & Chatman，1996；Schein，2010）一致认为文化是组织的社会构念特征，是将组织凝聚在一起的社会黏合剂。

直到 20 世纪 80 年代初，学者们才开始高度关注文化概念（如 Ouchi，1981；Pascale & Athos，1981；Peters & Waterman，1982；Deal & Kennedy，1982）。事实上，学者引导实践中的管理人员识别出了影响组织绩效的一种关键要素，这种现象并不常见。在大多数情况下，实践引领着研究的方向，学者的注意力主要集中在对组织中管理人员探索过的现象进行记录、解释和建立模型。但是在组织文化方面，概念研究为管理者寻找改进组织有效性的路径提供了指导意见。

组织文化包含视为理所当然的价值观、潜在假设、期望、共同的记忆和对组织的定义，这是造成大家忽视组织文化在组织绩效中发挥重要作用的原因。它代表着“这里的事情是怎样的”，它反映了人们脑海里普遍持有的观念。它向组织成员传递了某种特性，为在组织中如何行事提供了未写明、未言明的指导原则，也促进了人们所在的社会体系的固化。

遗憾的是，人们通常对文化是浑然不觉的，除非遭遇了挑战、体验了新的文化或者通过框架或模型的方式将文化清晰地呈现出来。这也就是管理者和学者在很长的时间内忽略了其存在的原因。大多数时间它是无法被觉察的。例如，图 1－1 阐明了文化的不同层次及其表现形式，从视为理所当然且不能观察的元素到更为外在、显而易见的元素。在最具根本性的层面上，文化表现为对人类社会及其与环境之间的关系暗含的假设进行界定。这些假设只有在受到不相容甚至彼此矛盾的假设的挑战时才会得到认知（例如，大多数人清晨醒来时不需要有意识地决定说哪种语言。只有遇到另外一种不同的语言或者面对关于其语言的具体问题时，人们才会意识到语言是一个发挥决定性作用的假设）。

由假设衍生出了契约和规范，包括约束人们相互关系的原则和程序。比如，组织中的政策来自人们对如何取得优异绩效、如何协调工

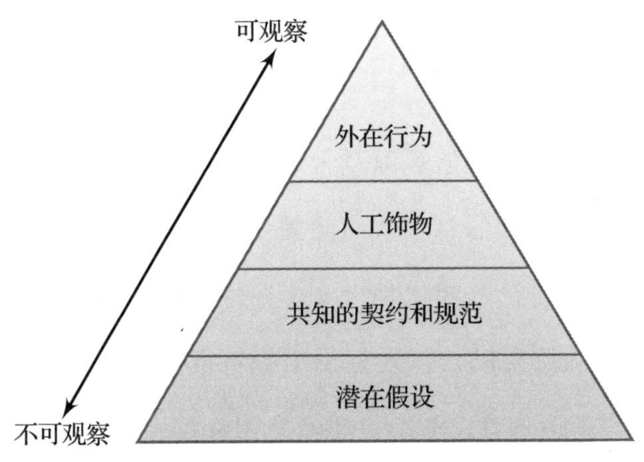

图 1-1 组织文化的要素

作以及如何奖励员工的假设。

人工饰物更加外在，也更容易被观察。人工饰物通过我们工作所在的建筑物、着装、办公室的大小和形状，以及办公设备的布局得以体现。此外，标识、主题、愿景陈述、正式目标和组织使用的表彰方式也是人工饰物的展现方式。

文化最为明显的表现方式是某种文化中成员的外在行为。在一个组织中，它是指人们相互交往的方式，是个人全身心投入组织的程度，以及人们对创新或其他活动接受或者鼓励的程度。它常常被描述为"这正是这里对待事情的方式"。正如前述 NUMMI 案例中所显示的那样，组织文化的变革涉及对诸多层面中每一层面做出应对。

同样重要的是，我们需要注意到组织文化和组织氛围是两个截然不同的概念。氛围包含暂时的态度、感受和对其他个体的想法（Schneider，1990）。文化是指组织持久、变化缓慢的核心特征；

氛围的基础是态度，因此它可以发生快速、急剧的变化。文化是组织潜在、难以觉察的方面，氛围则是组织中较为外在、可以观察的特点。文化包含核心价值观以及大家对事物状况的共同理解；氛围则包含会随着情境和信息获取而频繁变化的个体观点。从这个方面来说，本章我们讨论的变化是指文化属性而非氛围属性。其思考范围为“认知、人际互动，以及标识组织特征的外在标志和人工饰物之间的关联”（Detert，Schroeder & Mauriel，2000，p853），换言之，它是组织内部“事物呈现出的样子”而非人们对其持有的短暂态度。

分析的层次

显而易见，有多个类型和层面的文化会对个体和组织行为产生影响。从最宽泛的角度来看，世界文化，如世界上存在的宗教文化或者远东文化等是最高层次的文化。研究者诸如霍夫斯泰德（Hofstede，1980）、艾肯和巴克拉克（Aiken & Bacharach，1979）以及川普涅尔（Trompenaars，1992）基于一些重要维度对各大洲和国家之间存在的文化差异做了论述。例如，各国之间在普世主义（universalism）和特殊主义（particularism）[①]、个体主义（individualism）和集体主

① 普世主义和特殊主义：普世主义主张价值和真理的普遍性、标准性和一致性，世界上只存在一种真理，只存在一种正确解决问题的办法；特殊主义则主张价值和真理的相对性、差别性和多元性，主张具体问题具体分析。——译者

义（collectivism）[①]、中性化（neutrality）和感性化（emotionality）[②]、关系特定（specificity）和关系松散（diffuseness）[③]、成就导向（focus on achievement）和归属导向（focus on ascription）[④]、关注过去（focus on past）和关注未来（focus on future）[⑤]、内在导向（internal focus）和外在导向（external focus）[⑥]等方面存在差异（Trompenaars，1992）。

适用性较低的一个层面是亚文化，例如基于性别差异的文化即女性和男性对待世界有截然不同的观点（如对黑人文化和白人文化差异的描述，Martin，1990；Cox，1991）、职业文化（如对警察文化的研究，Van Maanen，1975）、区域文化（如对美国区域和城市—郊区文化的研究，Blauner，1964）和行业文化（如对影响职业文化的要素包括竞争性、历史发展、核心技术和顾客需求等的研究，Gordon，

---

① 个体主义和集体主义：该维度主要指社会中个体与群体之间的关系。个体主义强调个体的自由和重要性以及个体独立；集体主义则主张个体从属于社会，牢固的集体关系可以为个体提供保护，个体必须对集体忠诚。——译者

② 中性化和感性化：该维度是指在人际交往中情绪的外露程度。中性化是指情绪表露含蓄，人与人之间的沟通和交流比较微妙，肢体语言少；感性化是指情绪表达鲜明，肢体语言多。——译者

③ 关系特定和关系松散：该维度用于描述人际交往关系的差异。在关系特定的文化中，个体空间小且封闭，但允许普通人进入的公共空间较大；而在关系松散的文化中，公共空间小得多。很多在关系特定的文化中被视为公共空间的地方如书房和冰箱等，在关系松散的文化中会被视为个人空间，但私人空间较大且不封闭，允许外人进入，个体之间的界限不是绝对分明的。——译者

④ 成就导向和归属导向：成就导向关注个人成就，一个人的社会地位和获得的评价是基于个人最近取得的成就和业绩，归属导向则注重社会等级，这就意味着一个人的社会地位和得到的评价基于出身、血缘关系、年龄和性别。

⑤ 关注过去和关注未来：关注过去是指倾向于将注意力放在过去；关注未来则更多地放眼未来，憎恶陈旧思想和传统。——译者

⑥ 内在导向和外在导向：该维度主要描述人与环境之间的关系。内在导向是一种控制环境的价值取向，更注重组织和自身职能的实现；外在导向则是适应环境的价值取向，提倡与环境和谐相处。——译者

1991）。一般而言，每一种文化都可以通过特定的语言、符号、规则和群体优越感等得到展示。适用性更低的层面为一个组织的文化，这也是本书聚焦的层面。倡导的价值观、领导力的主流风格、语言和符号、流程和惯例，以及使公司拥有独特性的成功定义等要素可以展现一个组织的文化。

在组织内部，诸如职能部门、产品事业部、层级甚至团队等子单元同样会展现其独特的文化。比如，协调和整合流程或者组织活动中的困难，通常是由不同子单元之间的文化冲突造成的。营销部门和生产部门之间产生冲突，对人力资源部门的评价大相径庭，贬低“穿白大褂”的研究人员，这些现象在组织中普遍存在。其原因之一就在于每一个小单元都形成了自己的视角、价值体系和文化。大量研究对亚群体文化冲突的危害进行了调查（Van Maanen & Barley，1984，1985；Jerimier，Slocum，Fry & Gaines，1991）。我们很容易观察到这些文化差异如何造成组织四分五裂，使组织高效成为天方夜谭。换言之，强调子单元的文化差异会加速疏离和冲突的产生。

但是我们需要牢记，组织内部各子单元之间也有共同之处，即整个组织的独特性。就像全息图中每个独特的要素除具有属于自己的可辨识的特征外，同时拥有整个图片所具有的特征，子单元文化在独特的要素之外，同样包含整个组织文化的核心要素（Alpert & Whetten，1985）。永远会有一种将组织凝聚在一起的深层次的黏合剂（Schein，1985；O’Reilly，Chatman & Caldwell，1991）。因此，在评估组织文化时，大家可以聚焦于整个组织的文化，将其视为分析的单元。大家也可以对不同子单元的文化进行评估，对各子单元共同的主导特征进行识别，然后归集在一起，这种归并方式可以为我们提供组织整体文化的近似形态。

本书中，我们主要致力于帮助管理者识别组织文化诊断和变革的方式。因此，文化分析的层次就是变革工作的层次，或许是组织整体层面，也或许是某位管理者监管的子单元。其目标就是为了提高组织绩效而开展文化变革时所在的文化层面。

特别说明

我们并不认为本框架或者方法论是最好的，也不认为它们是诊断和变革组织文化的唯一正确方式。这样做就像是在宣称存在一种最优的组织设计方式，或者存在一种最佳的领导风格，或者存在一种最佳的组织测评方式，再或者存在一套最佳的测评组织成功的维度。显而易见，这种主张是不符合逻辑的。其他研究者也提出了测评组织文化的方法，文献中包含其他框架结构，提出了大量深层次的文化维度。还有一些研究者认为对组织文化进行评估和变革是不可能实现的，菲茨杰拉德（Fitzgerald，1988）就是其中之一。尽管我们在第三章介绍了一些其他方法，但本书的目的不是提供一种全面的文化研究综述。我们已经做了这些工作（Cameron & Ettington，1988；Byer &

Cameron，1997）。事实上，对有志于诊断和变革文化的管理者和变革推动者，以及想要使用量化方法研究组织文化的学者而言，我们此处倡导的方法在一些方面有重要优势。

我们提供的组织文化诊断和变革方法在以下六个方面具有优势：

- 实践性强。该方法抓住了人们发现的对组织成功有显著影响的关键文化维度。
- 使用高效。诊断和设计变革策略的过程可以在合理有限的时间内完成。
- 参与度高。整个过程中的所有步骤会涉及组织中的每一个人，尤其是负责确立方向、强化价值观念和指导根本变革的人参与度更高。
- 定量和定性方法兼备。该过程既需要对文化的关键维度进行量化测评，也采用了定性的方法，包括使用故事、事件，以及代表组织氛围、难以测量的象征物。
- 方法可控。诊断和变革的过程可以由组织内部的一个团队推进——通常是管理团队。在该方法中，外部的诊断专家、文化专家和变革顾问并非成功的必要条件。
- 可靠性高。该过程所基于的模型十分合理，这不仅是因为人们在使用该模型思考组织实际情况时认为它言之有理，还因为该模型得到了大量实证研究的支持，其中包含的各个维度均有扎实的学术基础。

换言之，我们并不是在强调我们的方法是最好的，但是我们认为它是组织开展文化变革和绩效优化的必备关键策略。

说明

1. 我们的同事乔安妮·马丁（Joanne Martin）是斯坦福大学的一位荣誉退休教授①，也是组织文化概念最优秀的分析者和研究者之一，她曾区分了三种不同的文化视角和研究方法。第一种视角：整合化视角，认为文化是人们共同拥有的事物，是将人们凝聚在一起的黏合剂。人们可以就某个组织的文化内容形成一致意见。第二种视角：差异化视角，认为组织文化可以通过各子单元之间的差异体现，并且组织文化充满了利益冲突。对各子单元共同持有的文化特征形成共识犹如天方夜谭。第三种视角：碎片化视角，认为文化是模糊的、不可知的，它并不是对组织某个特征的描述，而是关于组织内在本质特征的描述。组织成员经常改变文化，因此没有一种文化可被识别。马丁的观点是每一种视角都有合理之处，在研究或者管理文化时对这三种视角均应有认知。

尽管我们赞同她的判断，组织中这三种视角并存，但是我们认为文化的力量在于它可以将人们聚集在一起，克服组织内部的分裂和外部环境的不确定性，引领人们在竞争中取得卓越的成功。本书更倾向采用文化的整合化视角，因为文化的力量正是源于整合。组织要发挥文化的竞争优势，主要取决于形成共同的、一致的和综合的感知、记忆、价值观、态度和定义等。而且，根据我们与许多组织——从跨国大型集团到刚起步的小型创业公司——合作的切身经验，以及结论一致的实证研究（见附录 A），管理者可以也确实能够对组织文化的状况、

① 荣誉退休教授虽不再工作，但仍然保留其原有教授头衔。

实施变革的方法以及组织因此发生的改变产生共识。

本书描述的文化变革方法也采纳了差异化视角和碎片化视角的一些假设，因为我们意识到组织中总会存在一些模糊的、不可控的方面。第五章介绍的文化变革管理过程中的措施为应对组织文化的这些方面提供了工具。

02

第二章

组织文化评估量表

组织文化评估量表（Organizational Culture Assessment Instrument，OCAI）有可能是当今世界上使用最频繁的组织文化测评工具。我们了解到在过去 20 年中，它在大量的学者研究以及几千家组织实践中得以应用。人们发现它不仅可以对组织文化进行准确的测量，而且 OCAI 测量的文化与表明组织有效性的众多指标之间存在显著关系。

例如，仅对过去 10 年中发表的学术文献进行回顾，我们发现有 60 余篇博士毕业论文对组织文化与使用 OCAI 得到的各种结果之间的关系进行了研究。此外，100 余篇公开发表的研究论文对组织文化与管理和领导层的成功、质量与全面质量管理（TQM）、团队精神、组织有效性、教育和老师的成功、运动员取得的成就、竞争战略、信息系统、身体健康、创新、职业选择、沟通、工作及生活的满意度、人员流失率、代际差异、性别偏好、宗教组织状况和跨国差异等要素之间的关联进行了探索。

该工具已经用于各行各业，包括健康护理机构、教育机构、宗教组织、国家和地方政府、社区大学和综合性大学、图书馆、数据库、军事组织、娱乐机构、航空公司、酒店、运动队和国家运动组织、能源机构、家族企业、烟酒公司以及 MBA 项目。这些研究涉及的国家和地区包括阿拉伯联合酋长国、阿根廷、加拿大、中国、法国、德国、英国、希腊、伊朗、伊拉克、牙买加、肯尼亚、荷兰、卡塔尔、俄罗斯、塞内加尔、新加坡、斯洛文尼亚、南非共和国、韩国和美国等。

由于预测力强，OCAI 十分简单。一位咨询顾问向我们抱怨，只用六个维度来精确解读一个组织的文化过于简单。随后我们开发了加长版 OCAI，包含更多维度（包括 24 道题）。但是实践发现 6 道题的版本与加长版本在预测文化方面有同等的效力。这六个维度仅对组织文化最根本层面的内容进行了描绘，虽然未囊括所有方面，但是直指核心，剖析了能体现组织文化根本层面典型特征的基本假设（主导特征、组织黏合剂）、互动模式（领导力、员工管理）以及组织发展方向（战略重点、成功标准）(Cameron & Ettington，1988）。

设计 OCAI 的目的在于为识别组织当前的文化或者目前存在的文化提供帮助。这是整个过程的第一步。同时，这一工具还有助于找出组织成员认为应该发展的文化类型，以适应未来五年的环境要求，并有利于把握面临的机遇。这是第二步。

组织文化诊断指导

OCAI 主要用于对组织文化的六个关键维度进行测评，我们将在第三章对这些维度进行详细介绍。我们鼓励大家在阅读下一章之前先花些时间自己完成 OCAI 测评。在完成测评的过程中，大家可以勾勒出所在组织运营的基础假设和标志组织特征的价值观。这些问题的答案没有正确和错误之分，就像文化没有对错一样。每一个组织都可以有不同的答案组合。因此大家要尽量准确地回答这些问题，使组织文化的诊断尽可能精确。

这些问题可能会要求大家对所在“组织”进行评价。当然，各位在完成题目时也可以思考多个组织——直接归属的团队、子单元或者整个组织。为了确定最适合对哪个层面的文化进行评估，大家可以思考一下自己老板所管理的组织、自己所在的战略业务单元，或者自己属于哪个组织单元（该组织单元与其他组织单元之间有清晰的界限）。因为该工具最大的用处在于确定文化变革的方式，所以我们需要聚焦未来准备实施文化变革的文化单元。例如，对整个福特汽车公司（Ford Motor Company）的文化进行描述意义不大，因为它过于庞大且复杂。新产品设计业务单元与冲压厂或者顾客服务中心的文化大相径庭。因此，在回答问题时，大家要记得关注因为我们的变革策略而受到影响的组织。

OCAI 包含六个维度（见图 2 - 1），每个维度有四个选项。我们需要根据与自己所在组织的相似程度，将 100 分分配给四个选项。对于和自身组织情况最为相近的选项赋予最高分值。例如，在第一道题中，如果大家觉得选项 A 与所在组织非常相似，选项 B 和选项 C 在一定程度上相似，而选项 D 根本没有相似性，就可能令选项 A 获得 55 分，选项 B 和选项 C 各获得 20 分，而选项 D 仅得 5 分。但是大家要确保每道题所有选项的得分总和为 100 分。

1. 主导特征	现在	期望
A. 组织是非常私人化的地方，就像一个大家庭。人们彼此之间分享大量个人话题。		
B. 组织充满活力和创业精神。人们乐于冒险，也愿意承担风险。		
C. 组织高度强调结果导向。人们主要关心工作完成情况，以成就为导向，富有竞争意识。		
D. 组织管控严格，组织结构清晰。人们的工作通常以正规程序为指导。		
合计	100	100
2. 组织领导力	现在	期望
A. 大家普遍认为组织中的领导者树立的典型形象是：为下属提供指导和帮助，培养下属。		
B. 大家普遍认为组织中的领导者树立的典型形象是：富有创业精神和创新精神，敢于承担风险。		
C. 大家普遍认为组织中的领导者树立的典型形象是：没有人情味、强势、以结果为导向。		
D. 大家普遍认为组织中的领导者树立的典型形象是：将精力主要放在协调和组织上，通过各项工作的顺利开展实现工作效率。		
合计	100	100
3. 员工管理	现在	期望
A. 组织中管理风格的主要特征为：重视团队精神，强调共识和参与。		
B. 组织中管理风格的主要特征为：强调个体的风险承担、创新能力，重视自由和个体的独特性。		
C. 组织中管理风格的主要特征为：强调竞争，工作标准要求高，重视成就。		
D. 组织中管理风格的主要特征为：为员工提供职业安全感，重视规范性、工作预测性以及人际关系的稳定性。		
合计	100	100

4. 组织凝聚力	现在	期望
A. 组织通过忠诚和彼此信任将大家凝聚在一起。员工的组织忠诚度高。		
B. 组织通过致力于创新和发展将大家凝聚在一起。组织强调始终处于前沿。		
C. 组织通过关注成就和目标将大家凝聚在一起。		
D. 组织通过正式的规则和政策将大家凝聚在一起。保证组织各项工作的顺利开展对于组织而言非常重要。		
合计	100	100
5. 战略要点	现在	期望
A. 组织强调人员发展。高度信任、开放包容和共同参与是组织一贯的坚持。		
B. 组织强调获取新资源、迎接新挑战。组织重视尝试新事物、捕捉新机遇。		
C. 组织强调竞争性措施和成就。实现更高的目标和赢得市场是第一要务。		
D. 组织强调绩效和稳定发展。效率、管控和顺畅运行至关重要。		
合计	100	100
6. 成功标准	现在	期望
A. 组织对成功的定义基于人力资源开发、团队精神、员工忠诚度和员工关怀。		
B. 组织对成功的定义基于拥有独特或者最新的产品。组织是产品的领先者和创新者。		
C. 组织对成功的定义基于赢得市场、打败竞争对手。在竞争中占据市场领导地位是重中之重。		
D. 组织对成功的定义基于效率。稳妥地交付产品、顺畅地推进计划、低成本生产产品是关键。		
合计	100	100

图 2－1 组织文化评估量表——当前轮廓

需要注意的是，在图 2 - 1 填写答案项的地方，左边一栏的标题为“现在”。这意味着该栏中填写的答案是对组织当前状况的评估，而非大家想要它具有的样态或者期望它成为的样子。首先完成对当前状况的评估。右边一栏则是大家认为组织未来五年为了获取巨大成功、实现最高目标、成为拥有高绩效的卓越典范、超越当前设定的目标或者成为行业标杆应该具有的文化形态。

我们建议读者先停下来，花些时间针对个人所在组织完成这六道题。使用“现在”一栏对组织当前的状况进行评价，然后使用“期望”一栏完成第二遍评估。本章中，我们对如何使用该工具进行评分提供了指导，在第四章中将根据这些评分形成公司的组织文化轮廓图。在第五章中，我们将针对如何让组织的所有成员参与进来，开展更为广泛的文化评估，以及如何形成文化变革策略提出建议。

组织文化评估量表的分数计算

OCAI 的分数计算非常简便，只涉及简单的算术计算。第一步是将“现在”一栏中选项 A 的所有得分进行汇总，然后除以 6，就得到“现在”一栏选项 A 得分的平均值。如果愿意，大家也可以使用图 2 - 2 所示的工作簿。接下来计算选项 B 的得分之和，再除以 6，得到平均值。重复此计算过程，得到选项 C 和选项 D 的分值。

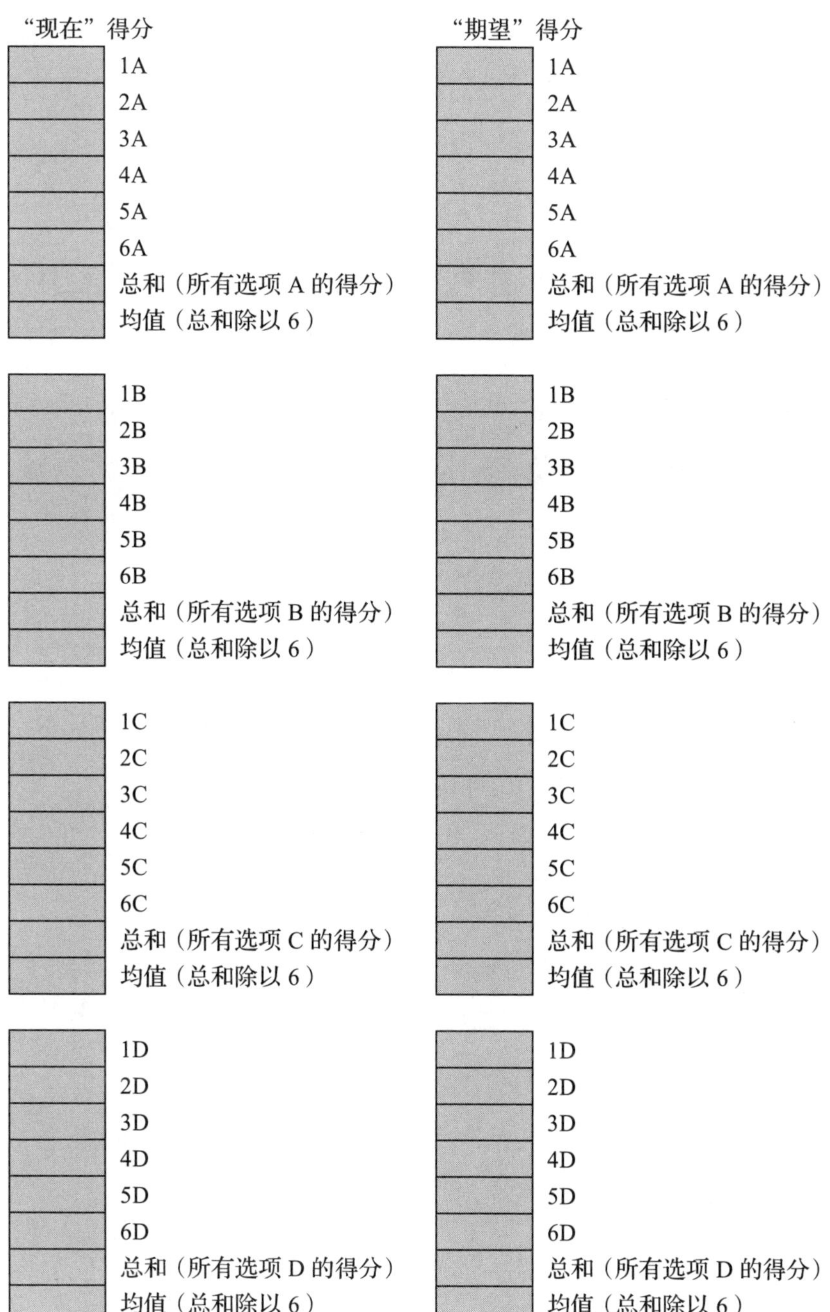

图 2－2　计算 OCAI 的工作簿

第二步就是计算“期望”一栏中选项 A 的得分之和，再除以 6，得到“期望”一栏选项 A 得分的平均值。同样，如果愿意，大家也可以使用图 2-2 所示的工作簿。接下来计算选项 B 的得分总和，再除以 6，得到平均值。重复此计算过程，得到选项 C 和选择 D 的分值。

在第三章中对构建 OCAI 的理论框架基础进行介绍后，我们将在第四章对选项 A，B，C，D 的均值代表的意义进行阐述。每个得分与一种组织文化类型相关联。此外，在第四章中我们还会提供一个工作簿，使用这些分值绘制轮廓图，勾勒出组织文化的样态。这种绘制图的样态代表了组织文化轮廓，是实施文化变革方案的重要步骤。

03

第三章

对立价值观模型

组织文化评估量表（OCAI）建立在对立价值观模型之上，该理论模型是当前世界上开展组织文化评估最重要的框架。它对分析和理解组织内部的各种现象极其有效。本章中，我们会解释为何拥有一个框架如此重要，该框架最初是如何在组织有效性的研究基础之上发展而来的。此外，我们还将阐述由该框架衍生出来的四种主要文化类型，这也是 OCAI 的理论基础。

鉴于文化定义了一个组织区别于其他组织的核心价值观、假设、理解方式以及行为方式等方面的特征，我们认为组织的其他特征也能体现出这四种不同的文化类型。对此，我们将给出案例说明情况确实如此。我们还将重点说明对立价值观模型如何有助于识别组织设计方式、生命周期发展阶段、组织质量、有效性理论、领导角色和人力资源管理者角色，以及管理技能等。

模型的价值

在过去的 20 年中，有众多的研究者提出了各种组织文化分析维度和特质。卡梅隆和埃廷顿（Cameron & Ettington，1988）、马丁（Martin，1992）、特赖斯和拜尔（Trice & Beyer，1993）以及拜尔和卡梅隆（Beyer & Cameron，1997）对大量文献进行了回顾和总结。为了说明所论及维度的多样性，我们在此介绍部分内容。

有些研究者认为文化强度和一致性是应该予以关注的主要文化维度，萨瑟（Sathe，1993）、沙因（Schein，1984）以及科特和赫斯克特（Kotter & Heskett，1992）是其中的代表。阿尔珀特和惠滕（Alpert & Whetten，1985）辨识出了文化分析的全息维度及局部维度。阿诺德和卡佩拉（Arnold & Capella，1985）提出了强－弱维度以及外向型－内向型维度。迪尔和肯尼迪（Deal & Kennedy，1983）提出了反馈速度维度（高速反馈－低速反馈）以及风险承受维度（高风险－低风险）。恩斯特（Ernst，1985）认为应该将以人为本（参与型与非参与型）以及对环境的反应（被动型与主动型）作为关键的文化维度。戈登（Gordon，1985）识别出了 11 项文化维度：发展方向的清晰度、组织发展范围、一体化、高层管理者联系状况、鼓励个体主动性、冲突解决、绩效的清晰度、绩效重点、行动导向、薪酬以及人力资源开发。霍夫斯泰德（1980）聚焦权力距离、不确定性规避、个体主义和男性化几个方面。弗里斯和米勒（Kets de Vries & Miller，1986）关注文化中存在功能障碍的维度，包括偏执、回避、魅力、官僚主义和政治化等。马丁（1992）提出了文化整合与共识、差异与冲突、分裂与模糊性。

之所以会出现如此多的维度，原因之一是组织文化的范围极其广泛，包罗万象。它包含一系列复杂的、相互交织的、全面的以及不确定的因素。相应地，在诊断和评估组织文化时也不可能涉及每一个相关要素，永远都会有新的要素被证明是相关要素。为了确定应该聚焦的最重要维度，关键是要有一个基础的理论模型——一个可以缩小研究范围、聚焦于核心文化维度的理论基础。当然，不会存在一个无所不包的框架，也不可能证明一个框架是正确的而其他的都是错误的。但是，最为合理的框架模型一定是基于实证检验的，应该准确抓住描述对象的现实状况（换言之，它们应该是有效的），也应该能够整合和纳入人们提出的大多数维度。这就是我们使用对立价值观模型来促进组织文化诊断与变革的目的。该框架来源于实践经验，经证明发现具有表面效度[①]（face validity ）和实证效度[②]（empirical validity），且有助于整合众多学者提出的诸多维度，卡梅隆和埃廷顿（1988）、奎因（Quinn，1988）以及卡梅隆、奎因、德格拉夫和塔克（Cameron，Quinn，Degraff & Thakor，2006）对其原因进行了详细阐述。

简而言之，我们发现对立价值观模型与广为人知、普遍认可的有关人们思考方法的分类体系、价值观和假设是一致的，与人们的信息处理方式也是一致的。也就是说，许多心理学家已经独立使用过类似的分类体系，包括荣格（Jung，1923）、迈尔斯和布里格斯（Myers & Briggs，1962）、麦肯尼和基恩（McKenney & Keen，1974）、梅森和米特洛夫（Mason & Mitroff，1973），以及米特洛夫和基尔曼（Mitroff & Kilmann，1978）。之所以会出现框架一致的情形，是因为人们在心理深层的认知过程中存在根本相似性。米特洛夫（Mitroff，1983，p.5）如是描述：

---

① 表面效度不是真正的效度指标，它考虑的是测评中项目与项目之间明显的、直接的关系，表面效度高，人们会很容易看出出题人的意向和答案倾向（整理自百度）。——译者

② 实证效度反映的是测评结果与外在效标之间的关系，相关性越高表示实证效度越高。所谓外在效标，是测评所要预测的某些行为或量数，在测评之前已经选定，以作为检验效度的参照标准（整理自百度）。——译者

一个人对世界文化的多元性观察得越多，就越能发现在符号层面上各种原型意象[①](archetypal images）之间存在惊人的高度一致性。白天人们可能会产生意见分歧甚至彼此争执，晚上他们的梦境和迷思却会呈现出深刻的相似性。这种相似性过于深刻，不可能仅仅是偶然。因此这应归因于最深的无意识层面上的心智相似性。这些以相似的形式出现的符号形象就是原型。

对立价值观模型的形成

对立价值观模型最初是在研究有效组织的关键指标时形成的。该调研包括的主要问题有：决定一个组织是否有效的主要评价标准是什么？决定组织有效的关键要素是什么？当人们判断一个组织有效的时候，他们脑海里的依据是什么？坎贝尔、布朗艾斯、皮特森和邓尼特(Campbell，Brownas，Peterson & Dunnette，1977）开发了一个包含 39 项指标的清单，他们宣称该清单全面包含了所有可能的组织有效性测评因素。奎因和罗夫保（Quin & Rohrbaugh，1983）对该清单进行了分析，以确定它们是否存在某种模式或者是否可以对其进行归类。鉴于 39 项因素过多，理解起来非常困难，而且作用的发挥也大受局限，他们找到了一种更为简化的方法，来识别有效性的关键要素。

① 原型意象是原型（人们原始经验的集合，是无意识的存在）呈现给意识的形式。——译者

他们对 39 项组织有效性的预测指标进行了数据分析，形成了两大维度，并将它们整理为四类。(本书附录 A 较为详细地呈现了其中的数据分析以及对该理论框架进行的其他研究)。区分组织有效性的一个维度为强调灵活性、自由和动态与强调稳定性、有序和受控。也就是说，如果一些组织是富于变化、具备适应性的有机式组织，人们会认为它们是有效的，其产品组合或组织形式不会在一种状态下保持很久，如谷歌或耐克（Nike)。而另外一些组织如果是稳定、可预测的机械式组织，才会被认为是有效的，如大多数大学、政府机关或者像波音（Boeing）一样的大型集团公司，波音在设计和产品方面长期享有盛誉并占据着统治地位。这两种方式构成一个连续体，一端为组织的多样性和可塑性，另一端为组织的稳定性和持久性。

区分有效性的另外一个维度为强调内部导向性、整合和统一与强调外部导向性、差异和竞争。也就是说，如果一些组织存在和谐一致的内部特征，比如长期以来 IBM 和惠普（Hewlett-Packard）有着公认的高度统一的“IBM 方式”或者“惠普之道”，它们就会被认为是有效的；而另外一些组织将注意力放在与企业外部的组织进行交互和竞争，如丰田和本田（Honda）以“全球化思维，本地化行动”著称——其内部的某些单元根据所处的地域环境的差异而有不同的特征，并不完全是集中统一的特征。这两种方式也构成了一个连续体，一端是组织凝聚力强、一致性高，另一端则是组织彼此隔离、独立性强。

将这两个维度放在一起形成了四个象限，每一个象限代表了一种截然不同的组织有效性指标。图 3－1 展示了这两个维度彼此之间的关系。这些有效性指标代表着人们所重视的组织绩效的内容。它们定义了什么是好的、正确的以及适宜的。换言之，这四组标准界定了人们对组织进行评价的核心价值观基础。

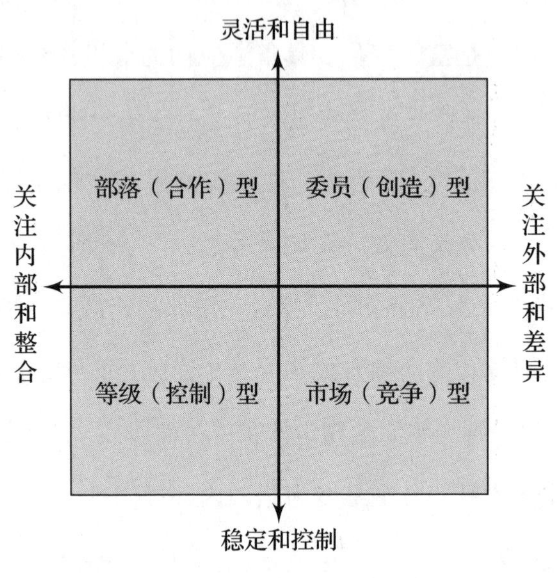

图 3－1　对立价值观模型

这四种核心价值观的显著特点在于它们代表了截然不同或者说彼此互斥的假设。每个连续体的一端所强调的核心价值观与另一端完全相反——灵活性与稳定性、内部性与外部性。因此，这两个维度所形成的四个象限中，处于对角线的两个象限也是迥然不同或者说相互矛盾的。

例如，左上象限界定的价值观强调关注内部、有机式组织导向，而右下象限界定的价值观强调外部、控制导向。相似地，右上象限界定的价值观强调关注外部、有机式组织导向，而左下象限界定的价值观强调内部和控制导向。正是每个象限之间互异或者相反的价值观使得该模型被命名为对立价值观模型。

图 3-1 中的每一个象限都被命名，以区分其最为典型的特征。部落型位于左上象限，委员型位于右上象限，等级型位于左下象限，市场型位于右下象限。重要的是这些象限的名字不是随意选择的，而是来自学者们的研究文献，这些文献对不同组织的价值如何随着时间的推移呈现出不同的组织形式进行了解释。我们发现，由这些分析得出的四个象限与组织科学提出的主要组织形式之间精准匹配。它们同时也与关于组织成功、组织质量措施、领导角色和管理技能的重要管理理论之间存在一致性。此外，以往关于儿童发展（Piaget，1932）、认知地图（Hampton-Turner，1981）以及信息处理（Mitroff，1983）的研究中，同样存在相似的维度，用以识别大脑和身体的工作方式以及行为的组织方式。

过去几年我们发现这几个象限的标签——部落型、委员型、市场型和等级型——有时会让企业的高层管理者或者非学术人员感到困惑。因此，我们使用动词来标识每个象限强调的主要内容。具体来说，部落型象限又称为合作型象限，委员型象限还可以称为创造型象限，市场型象限也可以称为竞争型象限，等级型象限同时也叫作控制型象限。图 3-1 同时使用了这些动词和原来的名字（Cameron，Quinn，DeGraff & Thankor（2006）对该理论框架的形成以及其哲学和学术背景做了详细说明）。

图 3-1 中的维度和象限可以强有力地解释文化导向的差异以及

彼此互异的价值观，而这些均是人员行为差异的标志性特征。这些维度非常具有说服力，同时由其形成各个象限蕴含的丰富内容，使我们可以将每一个象限视作一种文化类型。也就是说，每一个象限代表了一种基本的假设、导向和价值观——与组织文化包含相同的基本要素。因此，OCAI 可以让我们对所在组织持有的主导价值观取向进行诊断分析，这些取向的基础是以上这些重要的文化类型。它还可以帮助我们诊断组织的文化优势、文化类型以及文化一致性。

四种主要的文化类型

下面，我们对四种主要的文化类型逐一解释与阐述。

等级（控制）型文化

当代最早的组织方式是在德国社会学家马克斯·韦伯（Max Weber）的研究成果的基础上发展而来的，他对欧洲 20 世纪初期的政府组织进行了研究。在 20 世纪之交的转折时期，组织面对的主要挑战是高效地为日益复杂的社会提供产品和服务。为了实现这一目标，韦伯（1947）提出了官僚组织广为人知的七大经典特征：规则、专业化、贤能管理、等级、所有权分离、无人情味和责任。这些特征对于实现组织目的非常有效，因此以实现有效、可靠、顺畅运行和可预测产出为主要挑战的组织广泛采用了官僚组织形式。事实上，直到 20 世纪 60 年代，管理实践和管理理论大多强调形成等级或者官僚组织，以便得到稳定、有效、高度一致的产品和服务。因为环境是相对稳定的，任务和职能可以实现整合和协调，产品和服务的一致性可以维持，员工和工作可以得到控制。清晰的决策制定权力条线、稳定的规则和程序以及控制和责任机制被视为成功的关键。

与这种形式相匹配（同时也与 OCAI 的评估相匹配）的组织文化的典型特征是工作环境的正式化和结构性。程序规定了人们做什么。有效的领导者是优秀的协调者和组织者。维持组织顺畅运行至关重要。组织长期的关注点是稳定性、可预测性和效率。正式的规则和政策将组织统一起来。

从美国典型的快餐餐厅（如麦当劳）到大型公司（如福特汽车公司）再到政府机构（如美国司法部），提供了等级型文化的案例原型。一般而言，大型组织和政府机构的主导文化均是等级型文化，其展示出来的现象是大量的标准化程序和多重等级（福特拥有 17 层管理等级），高度重视规则的强化。

即使是在像麦当劳餐厅这样的小型组织中，等级型文化也可以占据主导地位。例如，在一家典型的麦当劳餐厅，大部分员工都是之前没有接受过培训、没有工作经验的年轻人，而该企业的特点在于所有的分店均提供统一的产品。核心价值观的中心为维持有效率的、可靠的、快速的以及流畅的生产过程。新员工一开始只从事某一项特定的工作（如制作油炸食品）。员工从事该工作几乎没有任何自主决定权，因为食品原材料是由供应商进行标准化包装后送到各分店的，油温也是预设好的，还会有蜂鸣器提醒员工何时捞出油炸食品。规则明确规定在蜂鸣器停止提醒后多少秒内必须将食品捞出，而且规定了食品只能在高温灯下停留一定的时间。这个规则手册是每位员工学习和接受考评的依据，长达350多页，涵盖了员工衣着和工作行为等诸多方面。员工获得晋升的前提之一就是要了解这些规则和政策。餐厅内部的员工晋升遵循一系列特定的步骤，员工在一家餐厅里可能要晋升多次才能进入管理层（例如，从制作油炸食品、汉堡包人员到柜台结算员，再到监督管理员，然后到副经理）。等级型文化的特征是工作环境受到严格控制。

市场（竞争）型文化

另外一种组织形式在20世纪60年代后期开始流行，当时组织面临新的竞争挑战。这种形式的产生依赖于与等级型文化完全不同的一套假设，其大部分理论基础来源于奥利弗·威廉姆森（Oliver Williamson，1975）、比尔·欧奇（Bill Ouchi，1981）以及他们的同事的研究成果。这些组织领域的学者发现了另外一系列活动，他们认为这些活动是组织实现有效性的基础，其中最为重要的是交易成本。

这种新的设计形式被称为市场型。术语“市场”不同于市场职能或者市场中的顾客，而是指一种像市场一样运行的组织类型。该类组织聚焦于外部环境而非内部事务。它（主要）关注与外部相关方如供应商、顾客、承包商、被许可方、工会和立法者的交易处理。在等级型文化中，内部控制的维持依赖于规则、专业化工作以及集中化的决策方式，而市场型文化不同于等级型文化，它的运行主要通过市场机制、竞争动力和货币交易实现。也就是说，市场型组织的主要关注点是与其他相关方开展交易（交换、销售以及合约）以形成竞争优势。获取利润、避免亏损、获得细分市场优势、扩张以及保持稳定的客户基数是组织的主要目标。毫不为奇，市场型组织的核心价值观是竞争力和生产力。

在市场型组织内部，竞争力和生产力是通过高度重视从外部视角进行定位和管理控制来实现的（图 3-1 中的右下象限）。例如在 20 世纪 90 年代，飞利浦（Philips Electronics）在欧洲的市场份额大幅下降，出现了有史以来的第一个亏损年份，这促使公司努力提高竞争力。在新任 CEO 的领导下，这家全球性组织发起了一项称为“世纪战魂”（Centurion）的行动，其目的在于将公司文化从相对自满、傲慢的等级型转变为以关注客户、资产的溢价回报以及提高公司竞争力为驱动力的市场型。公司举办了三场年度会议对绩效进行评估，建立了新的扩张目标。使用 OCAI 进行的评估显示出这些干预措施使得公司文化发生了显著变化，转向市场驱动型文化。

一个相似的案例是施乐（Xerox），它在 20 世纪 60 年代发明了照片影印技术。其著名的帕洛阿尔托研究中心（Palo Alto Research Center）开发了第一台个人电脑、第一个电脑鼠标、第一个 WIMP（Windows、图标（icons）、菜单（menu）和指示器（pointer））、第一个互联网路由、第一个阴极射线式屏幕、第一个连接电脑的字母数字键盘、以太网、文件服务器、打印服务器和电子邮件。1979 年施乐邀请行业代表和新闻媒体参观其创新成果，为微软和苹果的计算机和软件业务奠定了基石。苹果的 CEO 史蒂夫·乔布斯（Steve Jobs）说："它根本没有意识到自己拥有什么。"问题在于施乐缺少竞争文化，到 20 世纪 90 年代它将照片复印的大量市场份额让给了亚洲的竞争对手，将电子行业的大部分市场份额让给了计算机行业的竞争公司。新受命的 CEO 安妮·马尔卡希（Anne Mulcahy）在 2000 年开启了转型之路。她启动了一场大型文化变革，包括积极产生现金流、大力促进收购和创新。2009 年，厄休拉·伯恩斯（Ursula Burns）被任命为 CEO，他上任后就收购了 ACS。自此，施乐完成了自身的文化变革，深厚的市场驱动型文化已然形成。

市场型文化的基本假设是外部环境充满了敌意而非仁慈，顾客很挑剔，只对价值感兴趣，组织的职责是提高其竞争地位，管理层的主要任务是驱动组织获得更高的生产力、成效和利润。其假设是清晰的目标和积极的战略可以带来生产力和盈利。引用乔治·巴顿将军（General George Patton，1944）的话就是，市场型组织"对维持其地位没有兴趣。让 [敌人] 致力于此吧，[他们] 永远在前进的道路上，打败对手，朝着目标迈进"。

正如 OCAI 评估的那样，市场型文化以结果为导向。领导者是进取心十足的生产者，也是强硬的、苛求的竞争者。将组织凝聚在一起的黏合剂就是致力于获胜。长期的关注点是采取竞争措施、实现扩张目标和指标。成功的定义是市场份额和市场渗透，在竞争中获胜、在市场中赢得领导地位至关重要。

部落（合作）型文化

组织的第三种理想形式如图 3-1 中左上象限所示。之所以称为部落型文化，是因为它类似于家庭型组织。许多学者在 20 世纪 60 年代末 70 年代初对日本的公司进行研究，发现了美国市场型和等级型的组织设计形式与日本部落型组织设计形式之间的根本差异（Ouchi，1981；Pascale & Athos，1981；Lincoln，2003）。共同的价值观和目标、凝聚力、参与性、个性化以及“我们”的集体意识渗透于部落型文化中。与其说是经济单元，它们更像一个扩展的大家庭。与等级型文化中的规则和程序或者市场型文化中的竞争利润中心不同，部落型文化的典型特征是团队协作、员工参与项目和公司向员工提供承诺。

这些特征的具体表现形式为：半自治的工作团队——他们依照团队（而非个体）的成就获取相应的奖励，可以雇用或者解雇团队成员；鼓励员工提出改进自己和公司绩效建议的质量环；给员工授权的工作环境。

部落型文化的基本假设包括：工作环境的最佳管理效果是通过团队协作和员工成长实现的；最好把顾客当作伙伴；组织的职责是营造人性化的工作环境；管理层的主要任务是给员工授权，提升他们的参与度、敬业度和忠诚度。

当然，这些特征对于美国企业而言并非新鲜事物。人际关系运动[①]开展以来，众多学者对这种文化呼吁了十几年（McGregor，1960；

① 人际关系运动是指组织发展领域的研究者对群体尤其是工作场合中人的行为的研究。起源于 20 世纪 30 年代的霍桑实验主要关注社会关系、动机以及员工满意度对企业生产力的影响。——译者

Likert，1970；Argyris，1964）。但是，日本企业在第二次世界大战后引入了这些原则并成功应用，取得了显著成效，美国和欧洲的组织在 20 世纪 70 年代后期和 80 年代认识到，部落型文化在商业上也可以应用。例如，在快速的变革中，变动的环境使得管理者很难提前制定计划，因为决策制定存在不确定性，那么协调组织活动的一种有效方式是确保所有员工持有相同的价值观、信念和目标。在战后的环境中，日本组织在西方组织之前捕捉到了这一信息。

部落型文化的一个典型案例是皮克斯，这是一家非常成功的动画电影制作商。就成功影片的数量而言，还没有一家公司能与之匹敌——皮克斯一共制作了 11 部影片，每部影片都票房大获成功，而且均获得了奥斯卡奖项提名。我们从认识的皮克斯的人员那里获知，其成功归功于部落型文化。

皮克斯制作的影片不仅质量精良，远远高出平均水平，而且其制作方式与众不同。大部分电影公司依赖于汇聚名气大的人才，为他们提供资源和自由空间，让他们从事创造性的工作，无拘无束（典型的委员型文化）。但是皮克斯恰恰相反，它形成了一种紧密联结的文化，成员密切配合，进行大量协作，彼此学习，努力优化每一部作品。

迈克尔·约翰逊（Michael Johnson）是计算机动画总监，他告诉我们当他从公司其他人员——不管是管理人员、实习人员还是高级动画师——那里获得一个很棒的想法或者产品时，他的反应都是：“哇，这是一个超级棒的想法，如果我想增加更多的价值并让它变得更好，那么我需要加快个人的游戏制作进度。”公司职务和职位与好想法的产生之间没有必然的关系。安德鲁·斯坦顿（Andrew Stanton）执导了《机器人总动员》（Wall-E），同时也是《海底总动员》（Finding Nemo）幕后的关键人物之一，获得了两个奥斯卡奖项，创造了 DVD 的最高销售量，但他并没有因为个人的名气要求公司将其作为最佳竞标人，增加薪酬或者给予特殊待遇。相反，他像工作室的普通员工那样回到自己的岗位，开始下一个重大项目。所有人的合同都是长期的而且是与公司签订的，而不是属于一个特别的项目（Taylor & Labarre，2008）。

兰迪·尼尔森（Randy Nelson）是皮克斯大学的院长，他解释说："合同可以让个人不用像运营一家公司那样事事负责，你不需要为如何保证人们开心、恪尽职守大费周章。我们这里形成的——难以置信的工作场所、学习和成长的机会，以及最重要的是极好的同事——比任何合同都好。"

这就是我们运营模式的核心，让人们有机会尝试失败，然后一起从错误中走出来。人们的花费可以超过竞争对手，也可以不拘泥于文化。创造一个让员工获得特别感受的工作场所，在这里他们认为自己是某个整体的一部分，可以持续不断地学习与成长，可以真正地喜欢彼此。如果我们能够形成这样一种文化，谁还会想离开呢？另外，随时会有人带着最棒的想法来敲你的门。

这解释了为什么皮克斯大学的校徽上引用了拉丁语"Alienus Non Diutius"——其意思是"不再孤单"。

正如OCAI评估的那样，部落型文化的典型特征是拥有友善的工作场所，人们可以进行大量分享。它就像是家庭的扩展。领导者扮演的角色是导师甚至家长。将组织凝聚在一起的因素是忠诚和传统。员工的敬业度非常高。组织强调从个人成长中获得长期利益，极强的员工凝聚力和良好的士气很重要。人们对成功的评价标准是内部氛围、关怀员工。组织优先强调的是团队精神、参与和共识。

委员（创造）型文化

当全球由工业时代发展进入信息时代，第四种理想的组织类型应运而生。变化太快、发展加速日益成为21世纪组织所处环境的典型特征，这种组织形式是最佳的应对方式。产品半衰期大大缩短。服务优势大大减弱，不同于前三种组织形式的一系列假设得以形成。其假设是创新和前沿精神带来成功，组织的主要任务是开发新产品和新服务，为未来做好准备，管理层的主要任务是促进创业、创造力以及前沿性活动。人们认为调整适应和创新可以带来新资源和利润，因此组织强调形成关于未来的发展愿景、有组织的无序状态和有约束的想象力。

单词“adhocracy”[①]（临时委员会）的词根是“ad hoc”（临时的）——其含义是短暂的、专设的以及动态的。大部分人加入过临时工作小组或者委员会，这些工作小组和委员会在任务结束后立即解散。同样，临时委员会也只短期存在。它们的特征“更像帐篷而不是固定

① “adhocracy”的完整释义为临时委员会或者专设委员会，考虑到临时委员会的委员指的是受命于某项任务或者参与某项活动的人，因此在不影响其内涵的情况下，为简便起见，将“adhocracy culture”译为“委员型文化”，但在文中根据情况仍然将“adhocracy”译为“临时委员会”。——译者

场所"，人们可以随着新情况的出现迅速重新塑造个人角色。如果不确定性、模糊性和信息过载是典型的环境特征，那么临时委员会的主要目标之一就是增强适应性、灵活性和创造性。

委员型的组织多见于航空、软件开发、智囊咨询和电影制作等行业。这些组织面临的一个重要挑战是生产创新型的产品和服务，并对新机会做出迅速反应。不同于市场型或等级型组织，委员型组织没有集中的权力和权威关系。相反，权力不断从一个人转移到另一个人，从一个任务团队转移到另一个任务团队，这取决于当前需要解决的是什么问题。组织高度强调个性化和风险承担以及对未来的预测，常见的现象是临时委员会的很多成员会参与生产、客户服务、研究和开发以及其他事务。例如，在一家咨询公司里，每一个不同的客户需求都可以被视为一个独立的项目，然后成立一个临时的组织来完成该项任务。当项目结束后，结构就会随之解散。

类似地，阿波罗 13 号太空飞船的失败清晰地揭示了其问题：领导者经常不可预期地发生变化，团队成员是临时的，同时没有清晰的沟通和控制体系。在飞行过程中，太空舱内的宇航员以及地面支持人员的配合不稳定、不持久。不同的问题需要不同的工作团队来解决，领导者频繁变化，即使是宇宙飞船的试飞也是由不同的宇航员轮换完成的。这是美国航空航天局载人太空飞行中心（NASA Manned Space Flight Center）的典型特性。成立之初的前八年，其正式结构改变了 17 次之多。它没有绘制过组织结构图，因为还没等印制出来就已经过时。管理脉络、先例和政策都是暂时的。职务、工作职责甚至部门一直在调整，有时每周都会发生变化。该组织按照临时委员会的设计模式运营，展示了委员型文化的特征。拥有委员型文化的其他典型公司有谷歌、艾迪欧（IDEO，位于美国帕洛阿尔托的一家设计公司）、基因泰克（Genentech）、门罗创新（Menlo Innovation）以及大部分新兴公司和创业公司。

有时在由另外一种文化占据主导地位的大型组织里，委员型组织也会作为子单元存在。例如，针对纽约市政府心理卫生部门（Department of Mental Hygiene）的变革进行的一项研究对等级型组织中存在的一个委员型子单元做过描述（Quinn & Cameron，1983）。在最初的五年里，该部门是以临时委员会的形式组建的。在分析中我们发现如下特征：（1）没有组织结构图——绘制组织结构图是不可能的，因为它会频繁、快速地发生变化；（2）临时的工作场所——主任没有自己的办公室，会在认为需要的地方设立临时的运营基地；（3）暂时的角色——根据客户问题的变化，成员承担的职责会不断调整；（4）创造力和创新——组织鼓励员工形成具有创新性的客户问题解决方案，并为客户提供新的服务方式。因为这种临时委员会与较大的市政府组织设计（等级型）以及重视效率和责任的环境之间高度不匹配，它不得不改变为另外一种文化。类似的情况在很多组织中存在，我们在下个部分将对此展开讨论。

总之，如 OCAI 的评测结果所示，委员型文化的特征是动态的、富有创业精神和创造性的工作场所。人们乐于冒险和承担风险。有效的领导者是愿景型、创新型的，是以风险为导向的。将组织凝聚在一起的黏合剂是对试验和创新的投入。关注点是始终处于新知识、新产品和新服务的前沿。时刻准备开展变革、应对挑战是至关重要的。组织长期的关注点是快速成长和获取新资源。成功意味着生产独特的、具有原创性的产品和服务。

对立价值观模型的适用性

我们在过去几年的调研以及对组织的干预中发现，对立价值观模型对组织文化之外的其他方面也有帮助。该模型所依据的根本假设是人们使用它是为了更好地理解世界（例如，人们如何处理信息）以及组织活动，因此它可以很好地对组织的其他方面进行描述。接下来，我们将对对立价值观模型在领导角色、有效性标准以及管理理论等方面的适用性进行阐释。

组织领导力

我们在研究中发现大部分组织会形成一种主导型的文化风格。在我们研究过的几千家公司中，超过 80% 的公司具有该理论模型中一种或多种文化类型的特征。那些没有主导型文化风格的组织一般不清楚自己的文化或者认为四种文化同样重要。如图 3－2 所示，我们发现当组织中等级型文化占主导时，有效的管理者——下属、同级和上级认为最成功的管理者或者在公司内部得到快速晋升的管理者——会展示出相匹配的领导能力。也就是说，他们擅长组织、控制、监督、管理、协调和保持效率。当组织的主导文化是市场型时，最有效的管理者一般是精力充沛、反应灵敏、惯于指挥的竞争者。他们擅长指挥、获得成果、谈判和激励他人。当组织的主导文化是部落型时，最有效的管理者扮演的是家长角色，他们是团队建设者、促进者、培养者、导师和支持者。在委员型占主导的文化中，有效的领导者往往具有创业精神、敢于追梦、具有创新精神、创造力强，为风险导向型，关注未来。

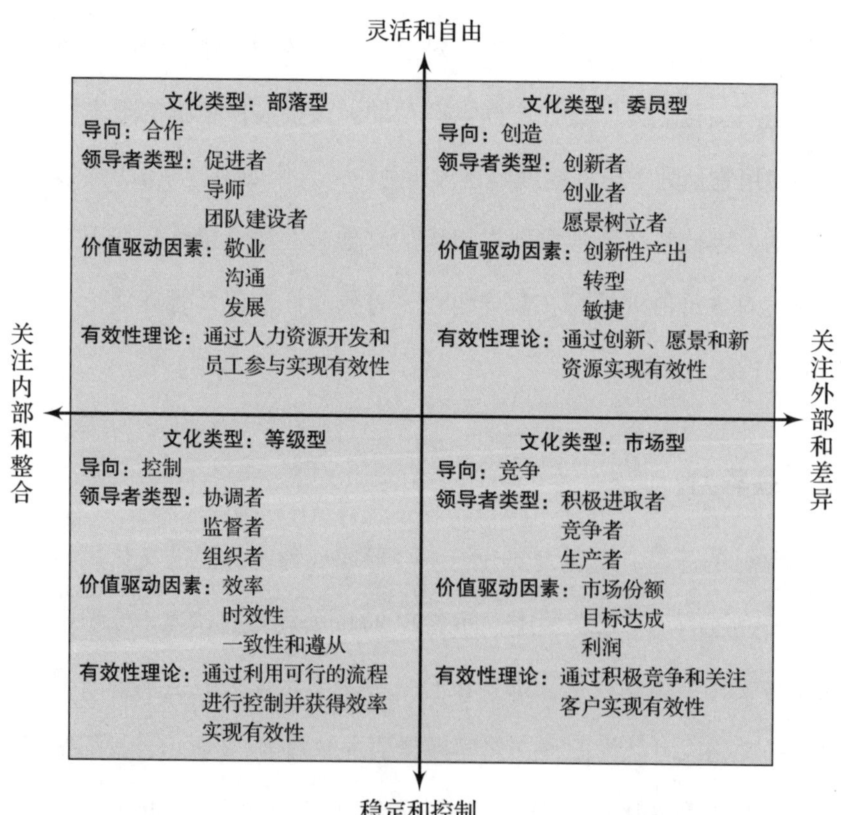

图 3－2　领导力、有效性和组织理念的对立价值观

换句话说，我们的研究已经证实了文化和能力之间的一致性假设。如果个体的领导力优势与组织的主导文化之间是匹配的，这些领导者就更有可能取得成功，同时他们管理的单元也是如此。一致性可以用来对成功与否进行预测。当然，位于对角线的象限中其主要能力彼此是相反的，因此，委员型的领导者是规则的破坏者，而等级型的领导者是规则的执行者。部落型的领导者热情、乐于提供支持，而市场型的领导者是强硬和苛责的。这引导我们证实了另外一个假设——一个看似相矛盾的假设。

也就是说，我们同时还发现绩效最好的领导者——被同级、上级和下属评价为最高效的领导者——具备在任一文化类型中均能获得成功的能力和技能（Denison，Hooijberg & Quinn，1995）。换言之，他们是自相矛盾、行为复杂的领导者，从某种意义上说，他们既可以刚也可以柔，既可以具有创业精神也可以做到控制有序（Lawrence，Quinn & Lenk，2009）。这意味着我们在研究过程中发现了矛盾的现象，在内在层面上，管理有效性与矛盾的属性之间是相关联的，就像组织的有效性一样（Cameron，1984，1986；Quinn & Cameron，1988）。有效的管理者和有效的组织之间看似是相互矛盾的。

除了领导者角色，文化变革过程中的相关人员掌握的技能与个人和组织的有效性之间同样存在重要关系。为了实现个人的有效性，更重要的是促进组织的文化变革，管理者必须具备某些关键技能并对此加以改进，第六章将专门解释这些内容。我们将提供一个诊断工具帮助管理人员确定自己的管理优势和不足，设计个人优化计划。

组织有效性

图 3-2 指出等级型文化最重视的有效性评价标准是效率、时效性、顺畅运转和可预测性。驱动组织获得成功的主要运营理念是，控制可以提升效率（消除浪费和冗余），从而实现有效性。等级型组织比如政府问责办公室（Government Accountability Office，GAO）具有这些特性，就会被认为是有效的。对于 GAO，我们想要的不是灵活性，而是零失误的效率。

市场型文化最重视的有效性评价标准是实现目标、超越竞争对手、增加市场份额，以及获得更好的财务回报。驱动组织获得成功的主要运营理念为，竞争有助于获得更高水平的生产力，从而实现更高水平的有效性。社交媒介——包括脸书（Facebook）、我的空间（MySpace）、推特（Twitter）、谷歌、雅虎搜索（Yahoo Search）、必应（Bing）和该领域其他公司——展示了日益升级的竞争趋势。如果不能增加市场份额、不能增加营业收入、不能提高知名度，就会被认为是失败的。

部落型文化最重视的有效性评价标准是凝聚力、较高的士气和满意度、人力资源开发和团队精神。在这种文化类型中占据主导地位的运营理念为，员工卷入度和参与度可以促进对员工的授权，提升员工的敬业度。忠诚、满意的员工可以实现有效性。迪士尼主题公园关心员工，让每位员工感受到自己融入了公司，是其“演职人员”——公司甚至要求他们非常清楚这个大家庭的传统，可以说出白雪公主故事里七个小矮人的名字。这些阐释了其基本理念，即敬业的员工可以创造世界一流的成果。

最后，委员型文化最重视新产品、问题的创造性解决方案、前沿的观念以及在新市场上的增长，这是该文化中有效性的主要评价标准。它潜在的运营理念是创新和新观念可以创造新市场、新客户和新机会。这些构成了有效性绩效的基本指标。经典的IBM与苹果之争在20世纪80年代后期成为《财富》(*Fortune*)封面文章，引起热议，当时人们预测这场战争会在90年代以胜负分明的局面结束。一开始，IBM被贴上迟缓、尾大不掉、精英文化等各种标签，却唯独与创新毫无关联。然而郭士纳(Lou Gerstner)掌管后，重新将IBM塑造成一家敏捷、创新、充满竞争力的公司。创新成为IBM的箴言。此时，苹果在新产品开发上停滞不前，IBM占据了优势地位。进入21世纪之后，乔布斯成为CEO，苹果重新成为创新的胜者。iBook，iPhone，iPad，iTune和iPod系列产品让苹果到达巅峰。显然，更具创新力的竞争者才能在持久战中获胜。

全面质量管理

对立价值观模型同样有助于组织各方面开展全面质量管理(TQM)活动，也更能突出其全面性的特征。关于TQM有大量文献，从对质量工具和技术的描述（数据过程控制、质量职能部署、帕累托图）到对该管理特性的哲学讨论（戴明的十四点）。一篇有关TQM的文献综述指出，很大比例的全面质量管理方案会以失败告终(Cameron,

1997）。如果质量没有得到改善，这些方案很快就会被弃。失败的原因有两个，一是没有完整地进行部署，二是没能将 TQM 和文化变革结合在一起。前者是指仅开展了 TQM 有限的几个方面的工作。例如，很多组织设立了团队或者收集了顾客满意度的数据，但也仅限于此，并没有开展更多的工作。有些组织实施了新的数据控制方法或者重新设计了流程以控制缺陷，但其他方面的改变微乎其微。图 3－3 使用对立价值观模型来更全面地强调 TQM 的各项要素。如果能将它们整合到 TQM 项目中，那么成功的概率将显著提升。

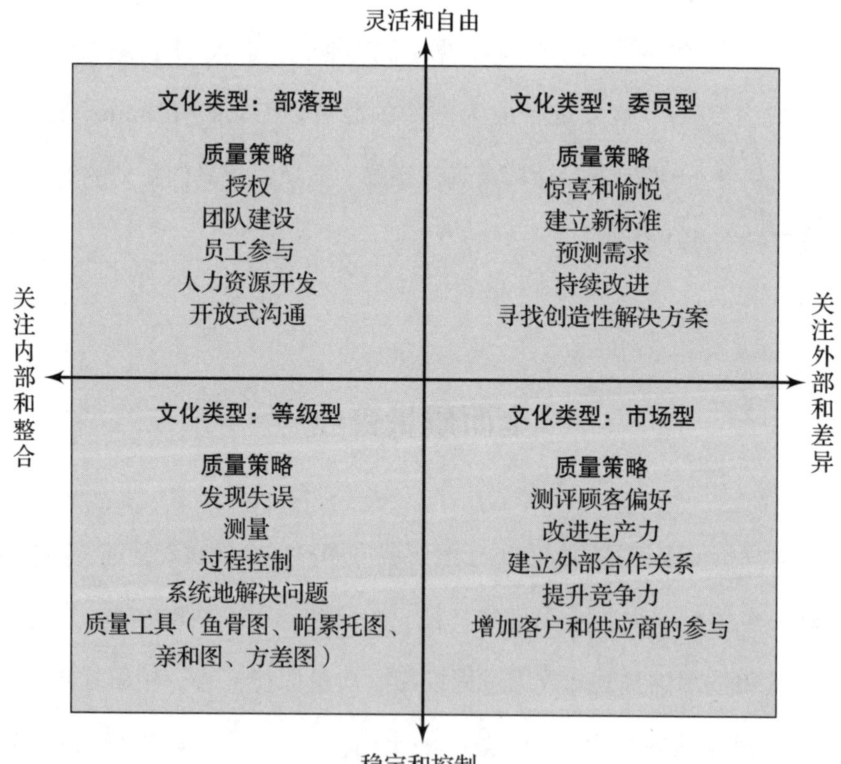

图 3－3　全面质量管理的对立价值观

比如，为达到最高质量水平，组织需要引入诸如测量优化、过程控制和系统地解决问题等各种等级型文化活动。其中会涉及帕累托图、鱼骨图、亲和图和方差图等，这些是众所周知、广泛应用的质量工具。但是，世界一流的质量同样也需要市场型文化活动，如在产品和服务销售前后对顾客偏好进行测评，改进生产力，与供应商和客户建立合作关系，在计划和设计过程中让顾客和供应商参与进来以提升竞争力。它也必须引入部落型文化活动，如授权、团队建设、员工参与、人力资源开发以及开放式沟通。广为流传的一句箴言是“公司对待员工的态度决定了员工如何对待顾客”。TQM 同时必须包括委员型文化活动，比如为客户带来惊喜和愉悦，建立新的绩效标准，预测顾客需求，致力于持续改进，以及针对顾客问题形成创造性解决方案从而产生新的客户偏好。在大多数 TQM 失败的尝试中，实施内容并没有包含全部四个象限的元素，只涉及部分。换言之，对立价值观模型能够帮助我们找出一种更加全面的方式进行质量管理，因为它强调了四种文化的关键要素，而这些要素是组织绩效的基石。

人力资源管理角色

我们的同事大卫·尤里奇（David Ulrich）对人力资源（human resource，HR）管理做了全面的研究。在对这些研究发现进行总结时，对立价值观模型可以用于识别人力资源管理者不断变化的角色。

图 3－4 对他的结论进行了总结（Ulrich & Brockbank，2005）。

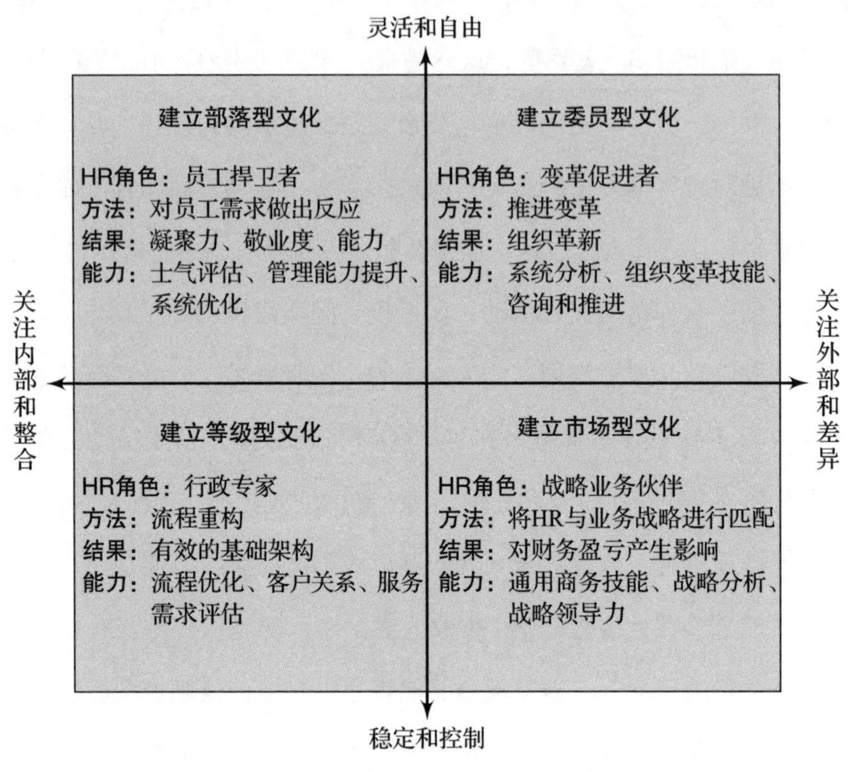

图 3－4　人力资源管理的对立价值观

简要来说，图 3－4 指出了要在大型组织里胜任 HR 一职所需扮演的不同角色、应具备的不同技能以及开展的不同活动。根据尤里奇的研究，有效的 HR 管理者一定要确保每种文化的一些要素在组织中有所体现。更重要的是，HR 管理者强调的角色、方法、目的和能力一定要强化公司主流或者想要塑造的文化。不同的 HR 角色有助于塑造或者强化不同的组织文化类型。例如，塑造或者强化等级型文化需要一位行政专家，致力于优化流程，建立有效的基础架构。塑造或者强化市场型文化需要 HR 成为组织的一名战略业务伙伴，令 HR 与商业战略保持一致，增强所有 HR 活动对盈利（财务）状况的影响。塑造或者强化部落型文化需要一位员工利益的捍卫者，对员工需求做出反应，提升员工的敬业度，并提升他们在工作中的能力。塑造或者强化委员型文化则需要一位变革促进者，推进转型变革，实现组织革新。

重点是对立价值观模型强调的是一个相对全方位的 HR 管理视角——比大多数 HR 文献中的内容要全面——并且能够展示出 HR 管理者如何促进组织变革和优化。它提供了一种方式，让 HR 的职能更具战略性、更加全面也更具理性。

公司使命和愿景

一位总经理会定期给我们发来关于公司愿景、使命或者指导原则的陈述，让我们进行评估。这些陈述文字大部分充满激情、振奋人心。管理者当然会强调令人振奋的价值观，而这些价值观也是员工必须遵守的。此时，我们发现以另一种方式运用对立价值观模型也是有益的，即对愿景和使命的陈述或者指导原则进行分类，分别呈现在四个象限中。在使用该模型对它们的要素进行勾勒时，这些陈述的优势与不足就会显现出来。

图 3-5 使用了四个著名公司的使命和愿景陈述。坦率地说，这些内容不一定是当前正在使用的指导性文件，但是它们在过去的几年里指引着公司发展。我们使用这些陈述仅仅是为了强调对立价值观模型

有助于评估公司未来的发展方向，而不是为了进行质疑或者褒扬。

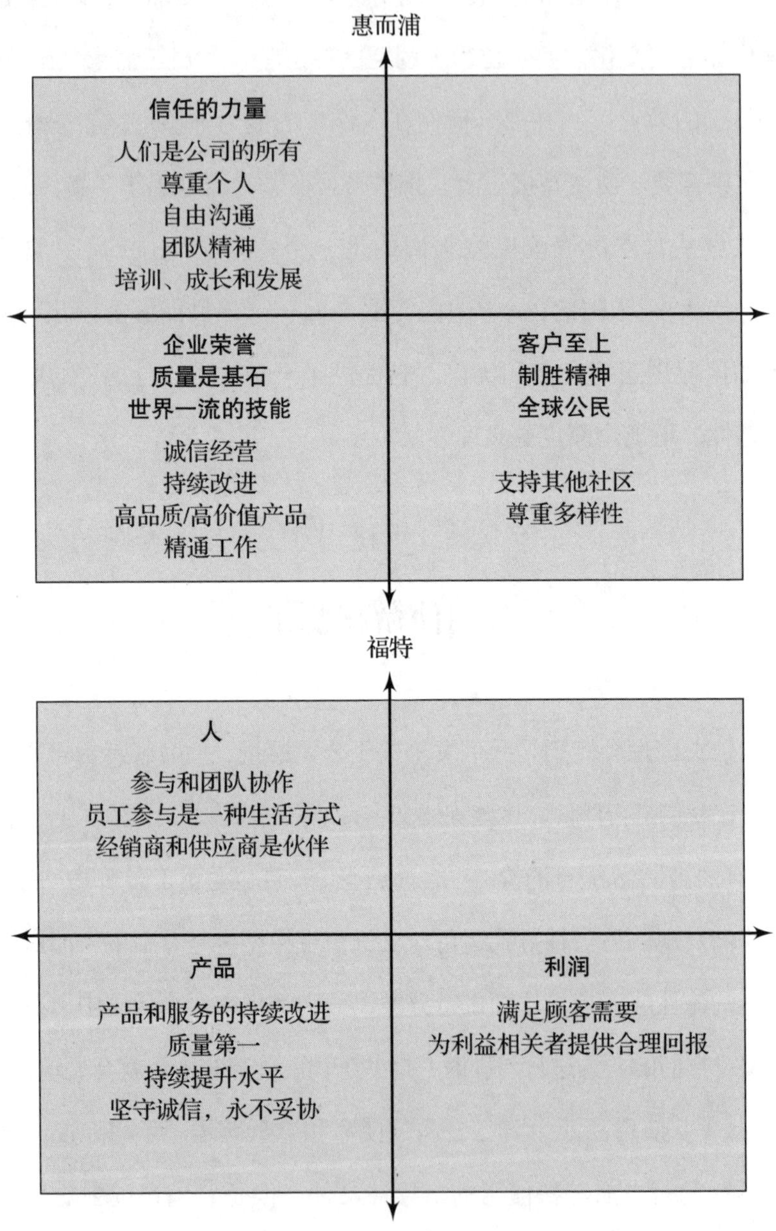

图 3－5　愿景、使命或者指导原则的陈述

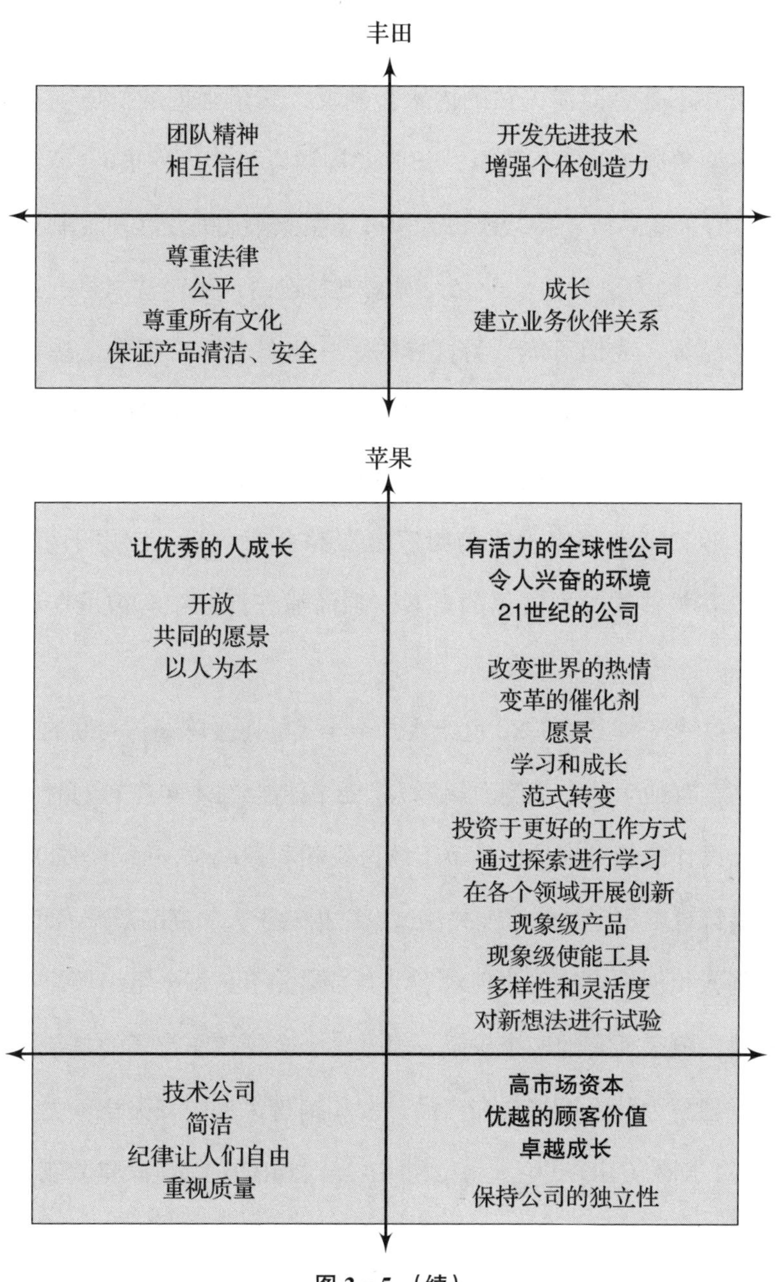

图 3－5 （续）

关注一下惠而浦（Whirlpool）的使命陈述——这个陈述曾在过去

十余年指导着该公司——未关注委员型文化。创新、创业思维以及风险承担并不是惠而浦关注的内容。相反，它最强调的价值观可以归入部落型象限（信任、尊重、开放式沟通以及个人发展）、等级型象限（诚信、高品质、持续改进）和市场型象限（关注客户、制胜、全球思维）。因为惠而浦是一家大型家电制造商，生产洗衣机、冰箱和成套产品等，我们可能认为这样的关注点是非常合理的。毕竟这些产品线不会发生急剧、快速的变化。然而，其竞争对手韩国的 LG 拥有完整的被称为“数字化家用电器”的业务单元，它们将触摸屏嵌入冰箱，或者将电视机与厨房电器整合在一起，应用于小公寓。由于没有关注委员型文化的要素，惠而浦在行业中有被甩在后面的危险。

将福特汽车公司在 20 世纪八九十年代的愿景陈述与同期的丰田进行对比，有助于从一个侧面解释为什么福特会在十年左右的时间里失去产品设计的领导地位，导致市场份额和利润减少，而丰田却欣欣向荣。福特对委员型的价值观关注过少，相对于人、高品质产品和利润，它对创新和创造力的关注相对不足。当然并不是每个组织都需要在愿景陈述中覆盖所有的四个象限，但是鉴于全球汽车市场的复杂性，我们不难理解为什么福特会在产品开发和销售策略中丧失竞争优势。坦率来说，随着 CEO 艾伦·穆拉利（Alan Mulally）2006 年就任，福特的愿景、竞争力和创新发生了翻天覆地的变化。事实上，福特的表现非常卓越，在 2009 年它是唯一一家不需要联邦救助的公司，现在也被认为是美国最有效率的汽车公司。

苹果愿景的勾勒图——不只是当前使用的陈述而是使用了十多年的陈述——阐释了这家公司为什么能在竞争激烈的消费类电子产品、手机和计算机行业蓬勃发展。只需看一下每个象限里的文字，就可以知道苹果的文化和关注点。事实证明，在这个行业创新是获得竞争优势的关键。

文化变革的演进

关于对立价值观模型的研究得到的另外一个发现是，新的或小型组织的文化变革历程一般会以一种可预测的模式进行（Quinn & Cameron，1983）。想一想，几乎任何一个新组织都是从小做起、不断变大的。检查下面的描述和阐释是否与个人的经验相匹配。

在组织生命周期的最早期，组织一般是由委员型文化所主导——没有正式的结构，富有创业精神。它们在很大程度上缺乏正式的政策和结构，通常是由一位强有力、有远见的领导者领导。随着组织不断发展，它们的文化导向中会补充部落型文化——家庭的氛围、强烈的归属感以及个人对组织的认同。组织成员在组织里可以满足他们的社会和情感需求，建立起团队意识和个人友谊。

然而，随着组织的发展，一种潜在的危机会经常浮出水面。为了控制不断增加的责任，它最终还是要面对强调结构和正式程序的需要。秩序和可预测性是必要的，因此组织需要向等级型文化转变。这种导向经常令组织成员觉得组织失去了曾经友善、充满人情味的特点，个人满意度也会下降。等级型文化导向最终还会需要市场型文化的补充：竞争力、实现结果和强调外部关系。关注点从组织内部的非人性化和正式控制转移到外部的顾客导向和竞争。

当然，还有一种情况会发生，那就是成熟、高效的组织一般会设立子单元或者分部，从而体现出四种不同的文化。例如，研发部门可能是委员型，会计部门在文化上倾向于等级型。尽管如此，一个组织总会有占据主导地位的文化。

对苹果公司的发展进行简短的描述最能说明文化的生命周期变化。史蒂夫·乔布斯和史蒂夫·沃茨尼亚克（Steve Wozniak）1976 年在乔布斯父母家的仓库发明了第一台个人电脑。苹果计算机公司随后成立，生产个人电脑，公司里年轻、充满活力、无拘无束的加利福尼亚人对没有政策手册和规则读本引以为豪。图 3-6 中轮廓图 1 展示了这种文化的特征。与其他大多数典型的委员型文化一样，一位富有创业精神、拥有个人魅力的领导者制定方向，公司员工工作自由、随心所欲。媒体将他们描述为“离经叛道者和疯狂者”。

这个文化轮廓图是由 OCAI 得到的。高度强调委员型文化，在部落型文化象限的得分中等，而在等级型和市场型文化象限的得分较低，这样的组合形成了轮廓图 1 所示的样态。苹果文化中占主导的是创业、创新和委员型文化。

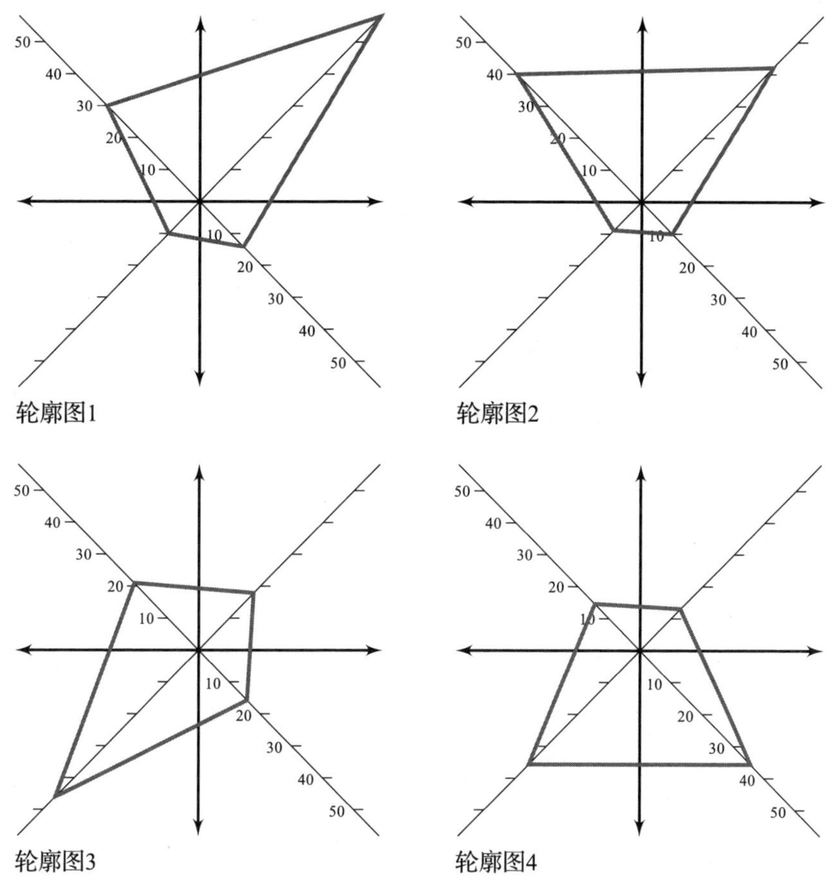

图 3-6 苹果计算机的生命周期，1980—2000 年

在公司成立之初的几年，苹果成为该行业有史以来最为成功的企业——形成了被称为“海盗”的麦金塔团队（Macintosh Team）。这支团队是由精心挑选的员工组成的，负责开发人们愿意买回家里使用的计算机。当时（1984 年），计算机体积非常大，可填满整个房间，令人生畏的硬件模块只是取代了工程师和数学家的计算器。很少有人想过将它们用于个人或者家庭。但是，这一小群来自苹果公司的“海盗”设计并开发了麦金塔计算机——一台有趣、易用、多功能一体的机器。这是第一台包含鼠标、屏幕上有图标（图片），并装有可以绘制图片的软件（MacPaint）的机器，而它原来只是一个计算工具。这个团队的努力获得了很大的成功（像苹果的其他业务一样），使得整个组织都借鉴团队文化，就像图 3－6 中的轮廓图 2 所示——具有很强凝聚力的部落型文化。员工穿的衣服上有苹果的标识，汽车的保险杠上粘着苹果的贴纸，人们总是热情洋溢地说起“苹果大家庭”。

该公司取得了巨大成功，朝着第三种文化发展。公司销售了几十万台计算机，销售渠道遍布全球，出现了大量具有很强竞争力的对手（包括 IBM、康柏（Compaq）和王安电脑公司（Wang）），自由的部落面临增加控制和标准程序的需要。公司需要政策和规则，也就是说，公司需要发展等级型导向的文化（图 3－6 中的轮廓图 3）。苹果的 CEO 乔布斯是典型的创新者和团队领导者，非常适应主导文化是委员型或者部落型的组织，但他不是有效率的专家或管理者，自然也不擅长管理等级型组织。来自百事公司的约翰·斯考利（John Scully）受聘负责管理公司向稳定和控制转型的变革。

不出所料，当等级型文化导向替代部落型文化导向和委员型文化导向，乔布斯受到排斥，公司产生了危机。新的文化体现出一系列新的价值观和关注点，使得乔布斯的文化导向与当前需求不再同步。向等级型文化转变一般会令人产生恐惧感，核心价值观被摒弃，规则和政策取代了家庭的氛围。但是，斯考利是效率和市场方面的大师，苹果在成长过程中形成了新的文化导向，他的技能与公司正在转变的文化非常吻合。

随着苹果在斯考利的管理下发展成为规模更大、更加成熟的组织，其文化再次发生了变化，进入第四个阶段，即图 3 - 6 中的轮廓图 4 所示。它不再是早期一群离经叛道者组成的特色鲜明、敏捷的创新公司，相反，它成为一个在效率和市场方面表现出色的典范。在许多组织里，这种形态成为常态，部落型和委员型文化遭到削弱，等级型和市场型文化被强化。因此许多管理咨询师和领导力专家投入了大量的精力帮助公司开发重构部落型和委员型文化特征的能力，以让组织变得更加平衡。这并不是说四种文化类型都需要得到同等程度的重视，但是，组织必须形成在竞争环境需要时能够转移关注点的能力。

苹果的绩效面临困境的原因之一是公司长期将文化的关注点放在图 3 - 6 中下面两个文化象限上。20 世纪 90 年代晚期，对于一个面临持续创新需求、产品周期迅速缩短的行业，公司的文化一直被下面两个象限主导，而没有转变回委员型文化象限，这对苹果公司的绩效产生了负面影响，这种情况在乔布斯 2000 年左右重塑委员型文化后才得到改观。

成熟组织中的文化变革

文化变革同样会发生在成熟的大型组织中，但是其形式更加不可预测。这些组织中的文化变革必须得到持续不断的管理。对文化变革进行良好管理的一个案例是全盛银行[①]（Meridian Bancorp，最后被美联银行（Wachovia）收购）。当公司的资产规模从50亿美元增长为150亿美元时，为了适应新的环境和竞争压力，公司对文化进行了变革。但是，相较于新的年轻公司里进行的文化变革，这种文化变革模式的标准化程度较低。

传统上，在银行业占据主导地位的公司文化通常是部落型文化和等级型文化——系统化管理程度高、控制程度高、高度统一，包括很多等级，还有一个校友会的关系网。图3-7中的轮廓图1是传统银行业的典型特征。在20世纪80年代中期，全盛银行的CEO和他的高层管理团队完成了OCAI评估。图3-7中的轮廓图2是他们对文化样态进行评估的结果总结，以及对CEO眼中的文化形态和其直接下属眼中的形态的比较。显而易见，高层管理团队的文化观是不一致的。全盛银行建立在具有部落型文化的传统乡村银行的基础之上，但主要是通过收购与合并实现成长，成为一家聚焦于区域、具有更强竞争力的企业。然而董事长感觉到组织的主导文化依旧是部落型文化，他的高层管理团队清晰地感觉到与日俱增的竞争压力。

五年之后，经过持续扩张，公司的文化发生了巨大变化，变成市场主导型，表明该公司已经成长为一家竞争力更强、金融服务更多元

① 本书中的Meridian Bancorp（全盛银行）与East Boston Savings Bank的控股公司（现称"莫里迪恩洲际合众银行"）名称相同，但不是同一家公司。全盛银行在1996年被中州金融公司（CoreStates Financial Corporation）收购，而中州金融公司在1998年被第一联合银行（First Union Corporation）收购，第一联合银行在2001年与前瓦乔维亚银行(Wachovia Corporation)合并，合并后即为美联银行（Wachovia Corporation），美联银行于2008年被富国银行收购。——译者

化的公司。高层管理团队的成员大多已经替换，如图 3－7 中轮廓图 3 所示，他们已形成了更加统一的观点。全盛银行开始对委员型文化给予更多的关注，董事长的文化观和他直接下属的观点也更加接近。

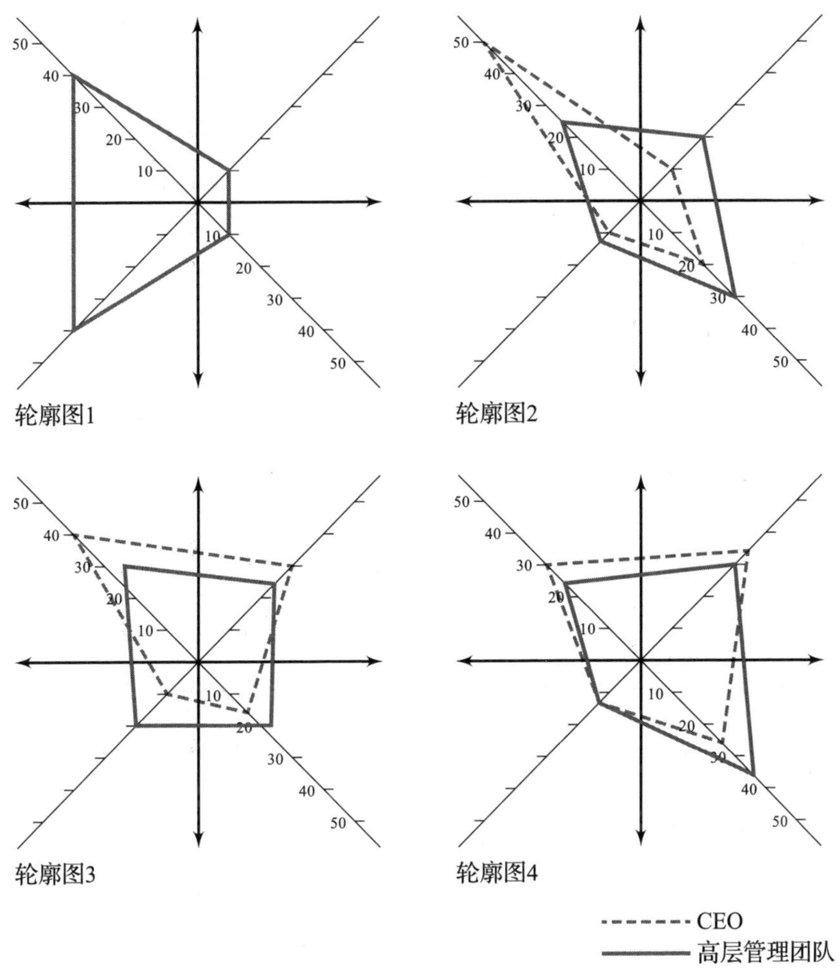

图 3－7　成熟组织中的文化变革

随着高层管理团队出现其他变化，来自华尔街日益增大的压力迫使公司降本增效，同时公司面临的竞争环境也更加严峻，其文化需要再一次变革。该公司一直重视凝聚力强的部落型文化和更加理性的等级型文化。但是几年后当高层管理者再次完成OCAI评估，发现组织内部占据主导地位的价值观和观点却强调竞争力和达成结果（市场型文化）以及新产品开发和创新（委员型文化）。图3-7中的轮廓图4显示的文化形态几乎是传统银行业文化的翻版，与银行业大多数组织毫无二致。这也表明随着高层管理团队对公司内部的文化变革进行有意识的管理，形成了一套一致的价值观、定义和观念。

总结

我们较详细地解释了对立价值观模型的形成及其在组织多个方面的应用情况。我们的目的在于说明该模型可以全面地协调和强调管理行为和组织行为在多个方面的一致性。我们自己的研究表明组织的主导文化与领导风格、管理角色、人力资源管理、质量管理和有效性标准之间的匹配性有助于组织获得更高水平的绩效。当然，不匹配可能使系统内部产生足够多的不适从而激发变革，因此它在短期内可以发挥积极作用，但是在大多数情况下，组织内部以上各要素之间的协调性是组织实现高绩效的前提。此外，我们此处提出的模型对于增强组织有效性和促进组织变革同样具有指导作用。

说明

1. 我们的同事丹·丹尼森（Dan Denison）也提出了一个广为使用的文化评估工具。他使用对立价值观模型（将我们的模型旋转 90 度得到，命名也有差异）对其文化评估题项进行了概括。

2. 我们的同事约翰·范梅南（John Van Maanen）在麻省理工学院工作，是组织科学领域组织文化的最佳研究者之一，他合理地指出："让读者认为四种并且只有四种文化就可以代表组织丰富的世界是错误的。如果这样，我们几乎可以听到人类的祖先在坟墓里翻坐起来。"我们想清楚地表明一点，我们的理论模型只是为了对组织文化的类型进行梳理，而不是为了全面包含所有的文化现象。同样它也不适用于非组织层面的文化——例如，民族文化。相反，该框架提供了一种方式，有助于组织讨论和理解组织文化中可以促进变革和优化的关键要素。许多正面临文化变革的组织存在的一个主要问题是没有既有的语言，也没有可以识别的关键要素，更没有共同的观点可以启动对话。变革没有发生是因为很难知道要讨论什么、关注什么。根据我们的经验，这个框架提供的方式从直觉上而言是吸引人的，也是易于理解的，可以推动文化变革进程。

3. 奥利弗·威廉姆森（Oliver Williamson）因为此贡献获得了诺贝尔经济学奖。

04

第四章

构建组织文化的轮廓

在长期、辉煌的职业生涯结束前，卓有声名的统计学家约翰·图基[①]（John W. Tukey）撰写了《探索性数据分析》（*Exploratory Data Analysis*，1977）。该书的有趣之处在于，图基——系列数据之间差异的评估中广泛使用的数据测试方法的开发者——认为产生洞见和理解力的最佳方式不是将数据用于测试，而是用于绘画。他指出，理解数据最为有效的途径是绘图，可绘制平面图、简单的示意图或者复杂的曲线图。相对于数据测试或者复杂的数学技术，图形可以让人们对数据的含义有更好的理解。与简单地查看数据分析结果相比，人们可以通过分析图形和图示看到更多的关系，进行更多的比较，识别出更多有趣的模式。

由于我们的经验和图基相似，我们鼓励读者根据自身的组织文化数据绘制成图。本章的目的在于帮助大家绘出文化形态，以突出组织文化的特征，如果没有图，它们可能并不是清晰易见的。

绘制轮廓图

组织文化评估量表（OCAI）关注组织可以反映其文化的一些关键特征。大家在第二章中对这些关键特征的评估描述了组织的主导文化

① 约翰·图基（1915—2000），美国数学家，其最有影响力的贡献是 FFT 算法（快速傅里叶变换算法）以及箱线图。

类型。也就是说，大家对六道题的选择突出了组织文化的重点方面，从而可以辨识出组织的整体文化类型。为了绘制自身的组织文化轮廓图，大家需要使用第二章中图 2－2 计算得出的分数。也就是说，大家计算出每一个选项的平均分数——A，B，C 和 D——包括“现在”和“期望”两栏。

为了绘制组织文化的轮廓图，我们需要遵循以下三个步骤：

1. 思考“现在”一栏里的第一个数字。在图 4－1 中的组织文化轮廓图上绘制每个选项（A，B，C，D）的平均分数。选项 A 代表了部落型文化。在左上象限向上延伸的对角线上绘制出这一分数。选项 B 代表的是委员型文化，在右上象限向上延伸的对角线上绘制出这一分数。选项 C 代表了市场型文化，在右下象限向下延伸的对角线上绘制出这一分数。选项 D 代表了等级型文化，在左下象限向下延伸的对角线上绘制出这一分数。

2. 将各个象限的点连接起来形成一个四边形。大家将看到一些像风筝一样的形状。该轮廓就形成了组织文化当前状况的画面。与第二章形成的一系列数据相比较，这样一幅图对于诊断更有帮助，因为大家可以对文化进行更形象的观察，看出组织的优势文化和弱势文化。

3. 现在在同一幅图上绘制“期望”一栏的分数。这次使用虚线（或者使用不同的颜色）将各点连接起来，就可以将想要拥有的文化与当前的文化区分开来。将两组数据绘制在同一幅图上有助于大家比较当前文化和期望文化之间的匹配情况，从而分辨出需要开展文化变革的地方。

图 4－1 反映了组织当前和未来的整体文化状况。这是能够反映其文化的各个独立核心组织特征的组合。

如果将 OCAI 中每一个问题或者特性的分数绘制成图，大家同样可以获得丰富的信息。这可以让大家确定每种文化特征反映同一种主导文化的程度（即文化轮廓图统一的程度），也可以让大家确定当前的文化在每个维度上与期望的文化相匹配（一致）的程度。

部落型文化 组织氛围非常友好，人们彼此可以分享很多。它就像一个大家庭。领导者或者组织负责人被当作导师，他们甚至树立了父母的形象。忠诚和传统将组织凝聚在一起。敬业度很高。组织强调人力资源开发的长期利益，高度强调凝聚力和士气。人们对成功的定义是关注客户、关心他人。组织鼓励团队精神、参与和共识。	**委员型文化** 组织充满活力、创业精神和创造力。人们敢于冒险和承担风险。人们认为领导者是创新者和风险承担者。将组织凝聚在一起的黏合剂是对尝试和创新的投入。组织强调引领前沿。组织长期的关注点是成长和获取新资源。成功意味着获得独特、新颖的产品或服务。成为产品或服务的领先者非常重要。组织鼓励个体的主动性和自由。
等级型文化 组织氛围非常正式和结构化。程序决定了人们做什么。领导者引以为豪的是成为优秀的协调者和组织者，推崇效率。维持一个运行顺畅的组织至关重要。正式规则和政策将组织凝聚在一起。组织长期的关注点是稳定性以及有效、顺畅的运营。人们对成功的定义是可靠的交付、有序的日程安排和低成本。员工管理的重点是职业安全和可预测性。	**市场型文化** 组织坚持结果导向。主要关注点是完成工作。人们崇尚竞争，以目标为导向。领导者是坚定的驱动者、生产者和竞争者。他们强硬、要求苛刻。将组织凝聚在一起的黏合剂是对获胜的关切。名誉和成功是共同的关注点。长期的关注点是竞争措施以及可量化目标和指标的实现。人们以市场份额和渗透率定义成功。富有竞争力的价格和市场领导力至关重要。组织风格是强劲的竞争力。

图 4－1 组织文化轮廓图

部落型文化

关注保持内部灵活运行、关心员工、关注客户的组织。

委员型文化

关注外部地位、拥有高度灵活性、强调个性化的组织。

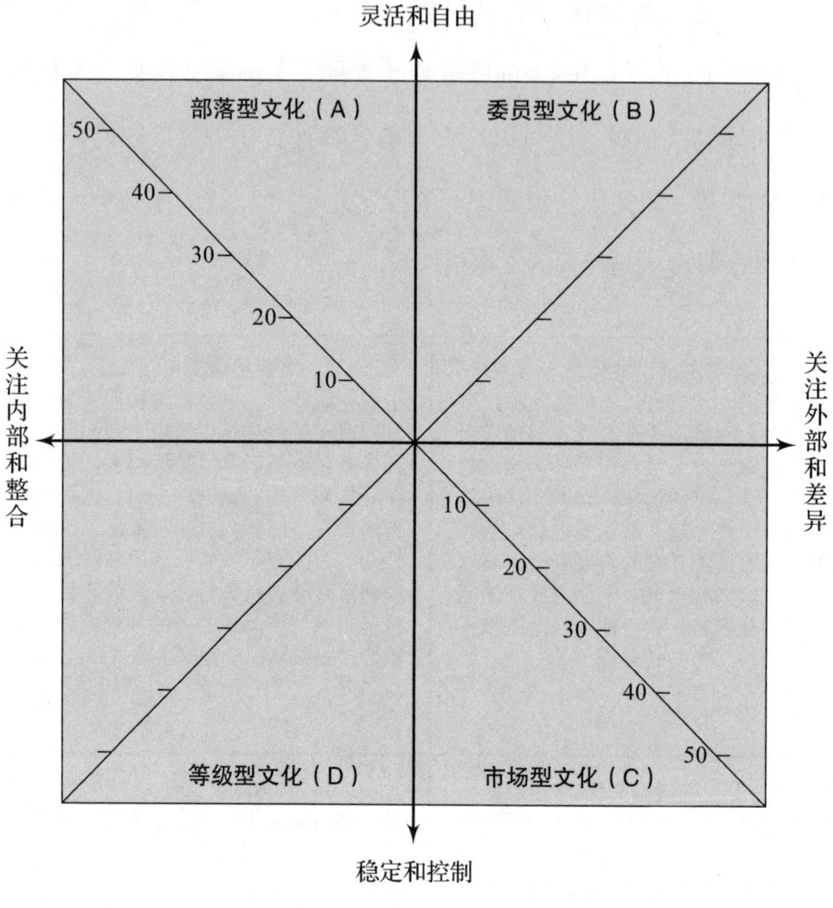

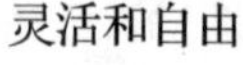

等级型文化

关注保持内部稳定性、强化控制的组织。

市场型文化

关注外部地位、强调竞争和快速决策的组织。

图 4－1 （续）

图 4－2 可以用来逐一绘制六道题的分数。为了使用图 4－2，我们需要遵循以下步骤。

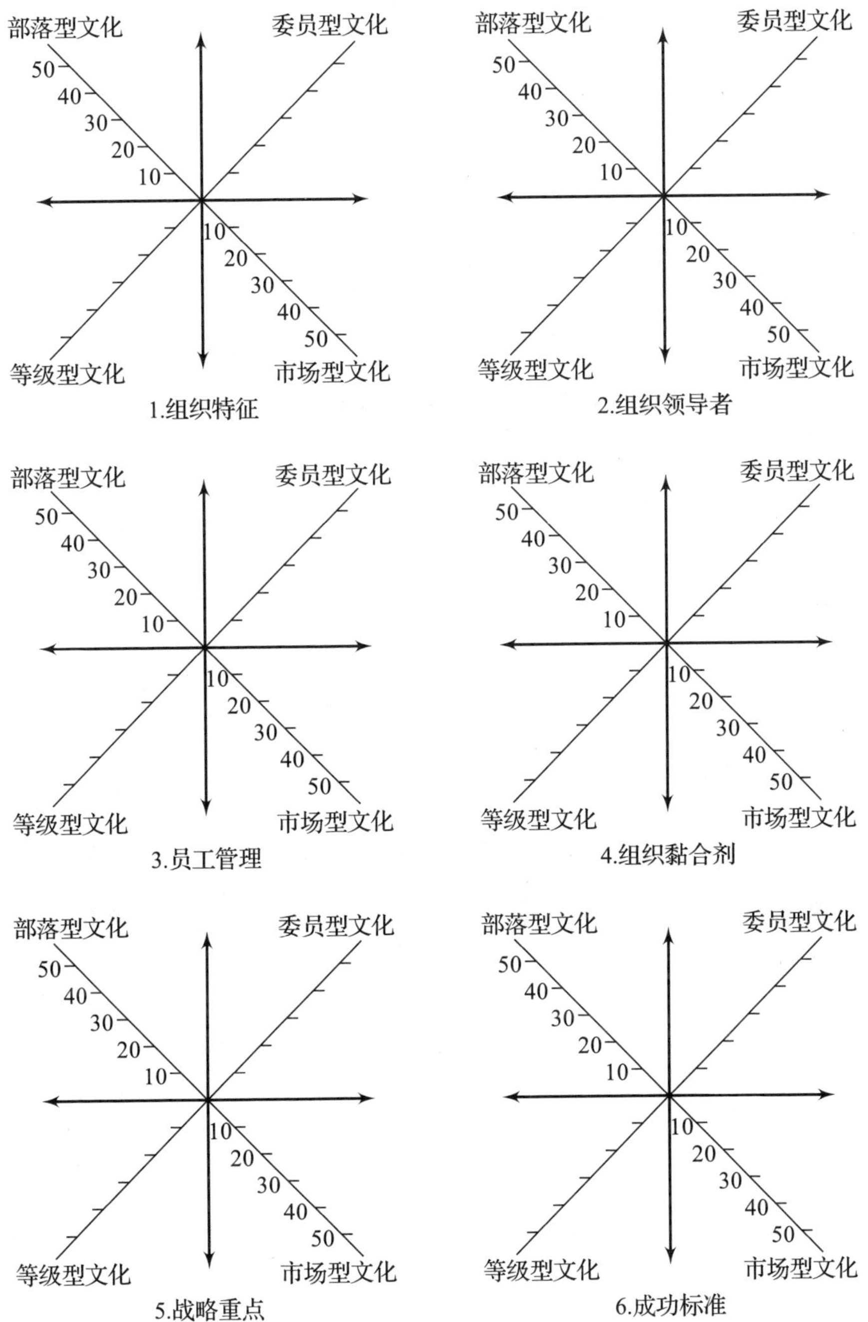

图 4-2　OCAI 各个问题的轮廓图

1. 回顾第二章图 2 - 1 OCAI“现在”一栏里的评分。第一道题（组织特征）的分数绘制在图 4 - 2 中相应的子图（即“1. 组织特征”）中，依此类推。在图 4 - 2 中对每道题采用相同的做法。之后，用实线将各点连接起来，从而在每一幅子图中形成一个风筝形状的图形。

2. 现在回顾图 2 - 1“期望”一栏里的评分。在图 4 - 2 中相应的子图中绘制这些分数。使用虚线（或者不同颜色的线）将各点连接起来，以便与“现在”的评分轮廓图区分开来。

图 4 - 3 中呈现了六个样例，可以用来说明组织文化轮廓。这些轮廓图并不追求精细或者完美；它们只是展现了六个随机挑选出来的组织，每一个组织的文化轮廓图都略有不同。我们提供这些不同的案例以说明组织形成的文化轮廓图可能千差万别。这些轮廓图同时也阐释了一个事实，即没有所谓的标准最佳或者最正确的文化。案例中的每一个组织都非常成功，但都有适合自身情境的独特文化。

高科技生产商是一家制造计量和测量工具的企业，主导文化是委员型。其生存能力依赖于在不断变化的环境中快速、持续地开展产品和服务的创新。高速增长的合众银行与众不同之处在于其文化的关注点在轮廓图的右半边——委员型和市场型——与全盛银行的例子差不多。大多数银行文化的关注点在轮廓图的左半边，与此恰恰相反。标准零部件生产商的主导文化是等级型，委员型文化是其第二主导文化。该公司每年生产几百万个标准化的零部件，分销到汽车和航天产业。跨国生产商在 50 多个国家生产和销售产品，重点关注市场型和等级型两种文化。它处于竞争非常激烈的行业，在该行业占主导地位的是总部位于 10 多个

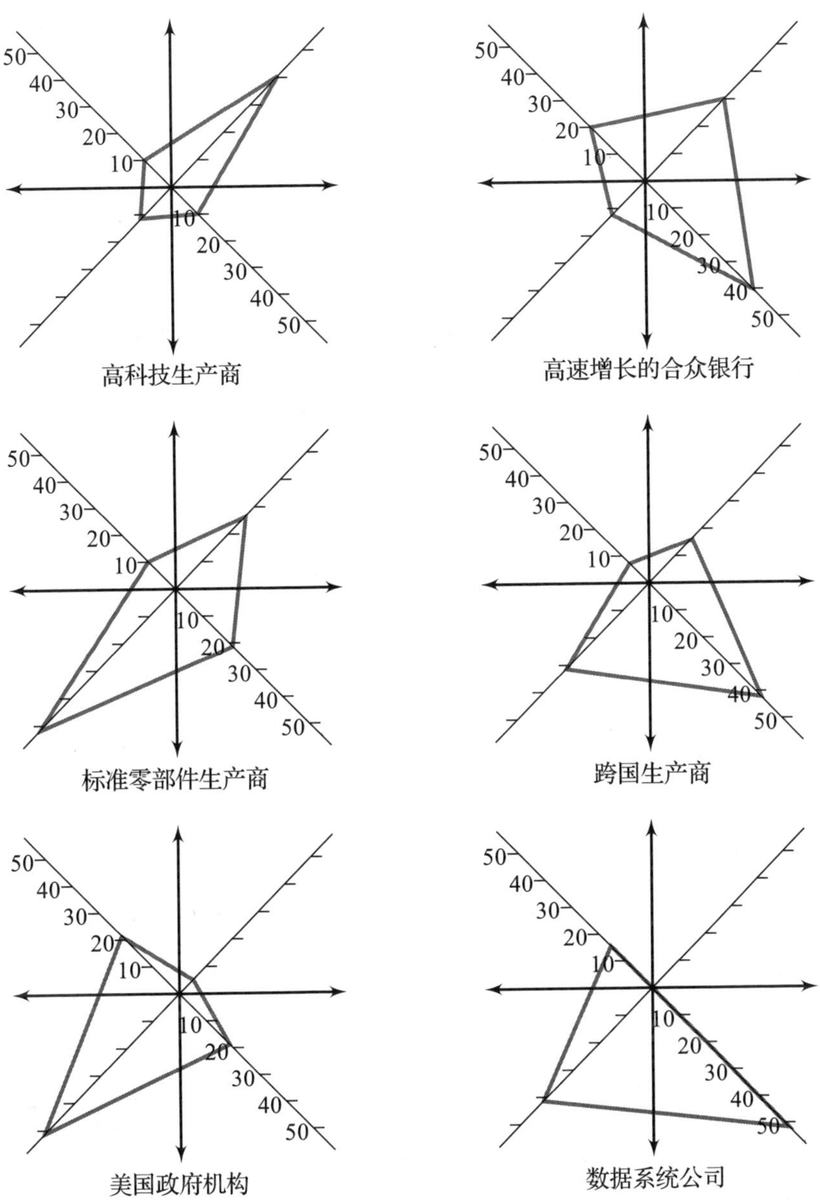

图 4-3　六个组织的文化轮廓图

国家的大型企业。美国联邦政府机构与其典型形象相匹配，是一个有效、稳定和受控的体系，主导文化是等级型，这一点完全在意料之中。

数据系统公司是我们见过的为数不多的公司，它在委员型文化象限上的评分几乎接近零。附带说明一下，该公司被另外一家规模较大的公司收购，以促进母公司在新产品和创新成果方面的发展。不难预测，在合并的前几个月将出现大量的冲突、不适甚至是理想破灭，因为该公司的文化与母公司的预期严重不符。使用 OCAI 对文化类型进行诊断，有助于解决文化不协调和期望不匹配的问题，也将有助于推动文化变革过程。

理解文化轮廓图

我们绘制文化轮廓图的主要目的是辨识哪类文化变革是最适宜的，如果有最适宜的文化，如何优化可以实现收益最大。文化轮廓图没有什么神奇之处，其主要用处在于为实施文化变革做准备。因为识别或者描述一个组织的文化是比较困难的（试图进行文化变革则更加困难），对文化有一个全面的认识可以降低实施始终一致、清晰连贯、全体赞同的系统性变革的难度。

在绘制完组织文化的整体轮廓以及六个文化属性的轮廓图后，大家就可以从不同的方面对这些轮廓图进行理解。至少包括以下六个比较标准：（1）组织的主导文化类型；（2）当前和期望文化之间的差距；（3）组织主导文化类型的强度；（4）不同属性文化轮廓图的一致性以及组织内不同个体评估结果的一致性；（5）自身组织文化轮廓图与 1 000 家组织的均值文化轮廓图之间的比较，该平均值是由来自这 1 000 家组织的大约 14 000 名管理者对所在组织的评估得到的；（6）我们在使用该文化评估量表的 20 余年里所注意到的趋势。

类型

回顾一下组织文化轮廓图中的整体文化图形（见图 4－1）。分数最高的象限意味着该种文化是组织内部最为重视的文化类型，它可以体现占据主导地位的基本假设、风格和价值观。认识组织文化类型是有益的，因为组织的成功取决于组织文化与竞争环境需求之间的匹配性。一家处于竞争激烈、对抗性强的行业的公司，如果拥有强势的部落型文化和弱势的市场型文化，那么它将很难生存，因为文化与环境不匹配。组织文化需要与环境需求之间存在一定的相容性。

波利和卡梅隆（Powley and Cameron 2006）曾描述过一个组织的例子，它的文化在应对一次危机的过程中功不可没。该组织具有很强的部落型文化。在面临一次有可能毁损组织声誉、安全和有效性的致命打击时，它利用与其主导文化相关的特性迅速恢复。组织恢复的关键源于部落型文化的特性：提升组织成员的幸福感，增进人们之间的关系，强化家庭型的价值观，举行可以将人们团结在一起的仪式和典礼。

此外，在大家思考自己在一个组织中的未来时，该文化轮廓图有助于辨识出最受重视的领导特征、最有可能得到认可和褒奖的行为，以及最有价值的管理能力。大家不仅想明确哪种文化最适合所处的行业环境，还想确定这种文化与自身的长期目标、能力和倾向之间的匹配程度。

差距

另外一个重要的信息是当前文化与期望文化之间的差距。通过观察图 4－1 和图 4－2 中所追求的文化与现在的文化之间存在最大差异的区域，大家可以确定变革的路线图。寻找期望状态与当前状态之间的最大差异，尤其要对超过 10 分的差异保持敏感。因为 OCAI 使用的是自比量表[①]，不能计算分数存在的显著统计差异。但是，根据我们接触组织的经验，“现在”的文化样态与“期望”的文化样态之间的差异如果在 5 ～ 10 分之间，就意味着需要实施重大的文化变革。我们遇到过一些组织，例如一个大型健康护理组织，其某个象限中“现在”和“期望”的文化样态之间分数相差 15 ～ 20 分。在分析文化轮廓图之后，该健康护理组织启动了重大文化变革。

数百名军官对美国陆军文化的评估显示出当前文化和未来期望文化之间的差异只有几分。但是，该军队的分部却开展了大型文化变革，因为对于陆军而言，当前文化与期望文化之间几分的差异就代表着需要进行重要调整。美国陆军不需要重大的文化变革，但是依照军官们的观点，需要实施一定程度的文化变革以便更好地应对未来威胁到美国安全的挑战。

在第五章中，我们将帮助大家系统地识别为了缩小差距，哪些方面需要增强，哪些方面需要减弱，以及哪些方面需要维持现状。当然，我们并不想摒弃标志组织特征的关键方面，即使它们并不是组织文化

---

① 自比量表（ipsative response scale）：测评者对两个或多个选项进行比较，根据个人倾向从中选择一个选项（有时也称为强制量表），与选择分数的李克特量表不同。——译者

的主导方面。但是，如果我们计划启动变革，在所有的数据中关于差距的数据最有说服力。

强度

文化的强度是由大家为每种特定的文化类型给出的评分决定的。分数越高，所评估的文化类型就越强或者说主导地位越高。研究表明强势文化与工作努力的一致性、关注点的清晰性以及在需要团结和共同愿景的环境中取得高绩效是相关联的。例如，IBM、宝洁（Procter & Gamble)、强生（Johnson & Johnson）和苹果均有很强的文化。

组织需要一种强势的占据主导地位的文化还是需要一种平衡或者兼容并蓄的文化，取决于具体状况和所处环境。公司所面临挑战的性质很可能是决定因素，比如，一些组织面临的环境使得其生存能力取决于灵活度、创新、创造力和创业精神。标准化和控制在绩效方面的影响力较小。而强势的委员型文化可能最有助于成功。一个例子就是英特尔（Intel)，它是一家计算机集成电路制造商，其成功就是依靠强调前沿、不循规蹈矩的文化。

其他的组织可能需要一种更加平衡的文化，四种文化类型需要得到同等程度的重视。在这样的公司里没有一种文化是强势的。丰田不仅在设计方面领先全球，同时还生产着全世界销售量最大的汽车——凯美瑞（Camry)。该公司以先进的生产系统（高度成熟的等级型文化)、严酷却非常成功的竞争战略和较大的市场影响力（市场型文化)、较强的凝聚力与较高的员工忠诚度（部落型文化）以及领先的创新型产品设计和技术突破（委员型文化）而闻名。没有一种文化类型在公司里占据主导地位。关键是并不存在理想的文化轮廓图。每个组织必须确定在所处环境中取得成功所需的文化强度。

一致性

文化一致性意味着组织文化的多个方面彼此呼应。也就是说，同一种文化类型需要在组织的不同方面得到强调。例如，在一致性高的文化里，战略、领导风格、奖励机制、员工管理方式和主导特征都会强调同一套文化价值体系。在这样的组织中，图 4－2 中的每一幅图都是相似的。相反，如果一个组织的文化一致性不高，那么图 4－2 中的图就会有明显的差异。每个属性都会强调不同的文化类型，彼此之间没有清晰的相似性。

我们自己和其他人的研究发现，一致性高的文化虽然并不是成功的必要条件，但是相对于一致性不高的文化，它在高绩效组织中表现得更加典型。组织所有的方面都有清晰、聚焦且相同的价值观，有共同的假设，可以消除很多不利于取得高绩效的混乱、脱节和障碍。

组织文化的不一致可以激发人们意识到变革的需要。它会令组织内部产生大量不适，组织成员对模糊、缺乏整体性或者正在经历的无所适从抱怨不休，或者在观察到的组织行为与信奉的价值观不匹配时，他们会哀叹这是一种虚伪。当然，虚伪并一定是文化不一致的产物，却是在文化不一致的组织中经常出现的症状。换言之，文化的不一致经常会导致组织内部观点、目标和战略的分歧。这些反过来会削弱组织成员的力量，降低他们的聚焦程度。

短暂的不一致有可能是有益的，因为这能突出组织不适或者未能聚焦的方面，或者让人们发现之前没有意识到的文化中功能失调的方面。激发人们以更大的决心进行变革或许是众所期待的结果，但是从长期来看，文化的不一致会阻碍组织在最高有效性水平上运营。

在思考文化一致性的过程中，对所观察的单元保持敏感非常重要。例如，如果来自组织不同部门的人对各自所处的子单元进行评估，那么可能会产生差异巨大的轮廓图。这并不意味着该组织拥有的是不一致的文化。举例来说，辉瑞制药（Pfizer）是全球最大的以科研为基础的制药公司，其消费品产品部门与药品研发部门有各自的文化轮廓图，这些轮廓图看起来并不相同。但是，如果和其他的制药公司如勃林格殷格翰（Boehringer Ingelheim）比较，却能很清晰地看出这两个单元都是辉瑞制药文化的一部分。辉瑞制药的文化与勃林格殷格翰的文化迥然不同，这两家公司文化的一致性是通过其文化核心体现出来的。

总体而言，文化的一致性与高绩效之间的关联更可能与子单元的绩效相关，而不是与这些大型、复杂的公司的整体绩效相关。在这种情况下，尽管这些公司可能强调共同或共享的文化重点，但是对组织整体的评估可能没有对子单元的评估那样精确。

因此，在对自身组织文化的一致性进行理解时，大家要对图 4－2 中的各幅图进行观察。这些图的图形相似程度如何？寻找占据主导地位的文化类型之间的差异。这些轮廓图所突出的文化类型是否位于坐标轴的对角线上，或者说是彼此矛盾的？这样的差异相对于主导文化位于相邻两个象限的情况而言，不一致性更加严重。注意观察超过 10 分的差异。如果这种差异确实存在，可能意味着缺乏聚焦点，对于测评者而言，文化是不清晰的，或者说复杂的环境要求组织在不同的方面强调不同的重点。

比较

我们在研究中对来自近 10 000 家组织的 100 000 多名管理者进行了调研，将这些组织的文化与“平均水平”的组织或者相同行业的组织的文化进行对比。图 4－4 为由我们的数据库中所有组织的平均值绘制的文化轮廓图。当然，整体的均值轮廓图剔除了所有的差异以及某个组织的细微差别，因此该整体轮廓图可能对于单个组织而言并无帮助。大家可以注意到，一般而言，组织略微重视下半边象限所代表的文化。委员型文化受重视程度最低，而市场型文化得到了最多的关注。

图 4－5 显示了不同行业的均值轮廓图，具体行业类别依据美国标准行业分类代码（SIC codes）确定。大家可以注意到一些行业之间的显著差异，但这并不意味着呈现出来的轮廓图是理想的或者期望的。[①] 它只是提供了一个参考依据，可能代表也可能并不代表该行业的最佳

① 此处原文为“You will note some substantial differences among certain industries, but this does mean that the profile shown is ideal or preferred”。根据上下文意思，译者认为“this does mean”少了一个单词“not”，翻译时对原文做了修改。——译者

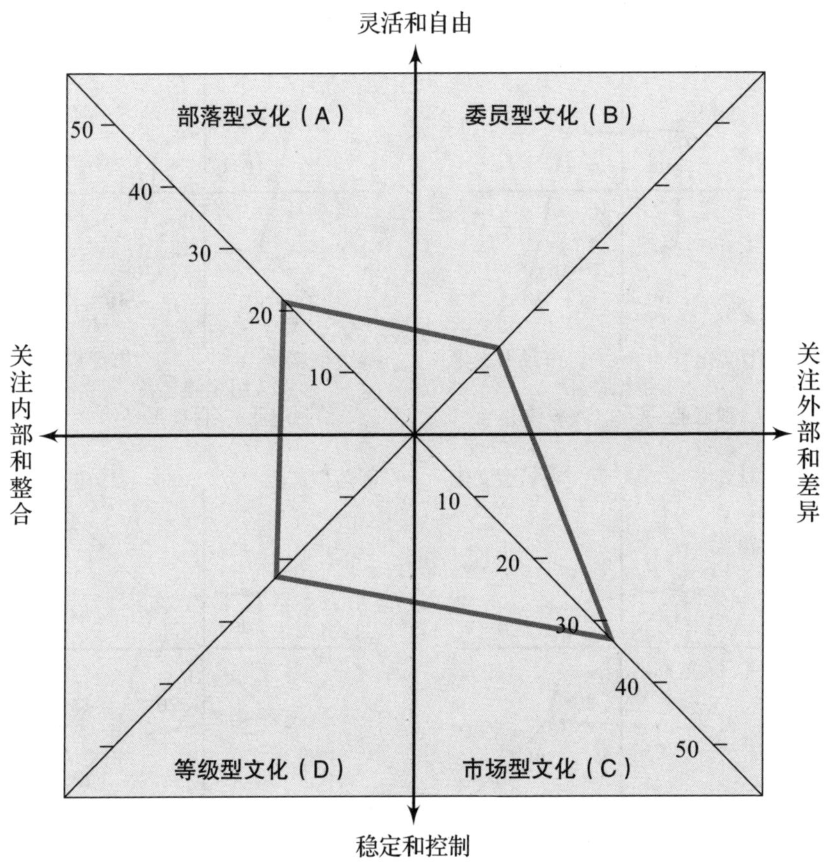

图 4－4　1 000 余家企业的均值文化轮廓图

样貌图。

图 4－6 提供了不同行业内不同组织均值轮廓图的比较。这些组织都是行业内颇有名气的组织。比较的目的在于说明对于一个组织而言并不存在正确或者最佳的文化样态，同时也为大家的组织文化轮廓图提供了另外一个比较标准。(为了履行保密约定，我们略去了这些著名企业的名称。) 这些轮廓图说明了不同类型的组织之间文化差异的多样性。

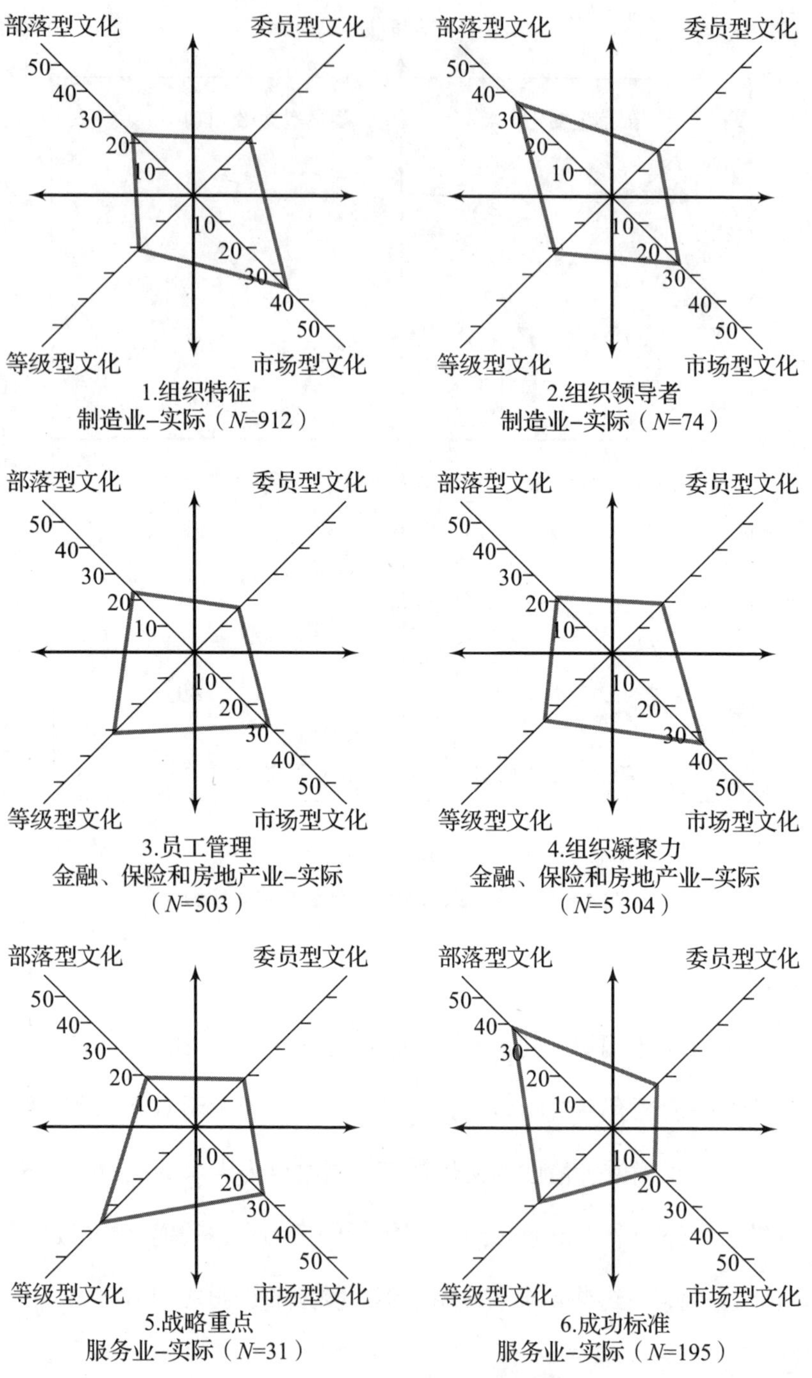

图 4－5　基于 OCAI 不同属性的均值轮廓图

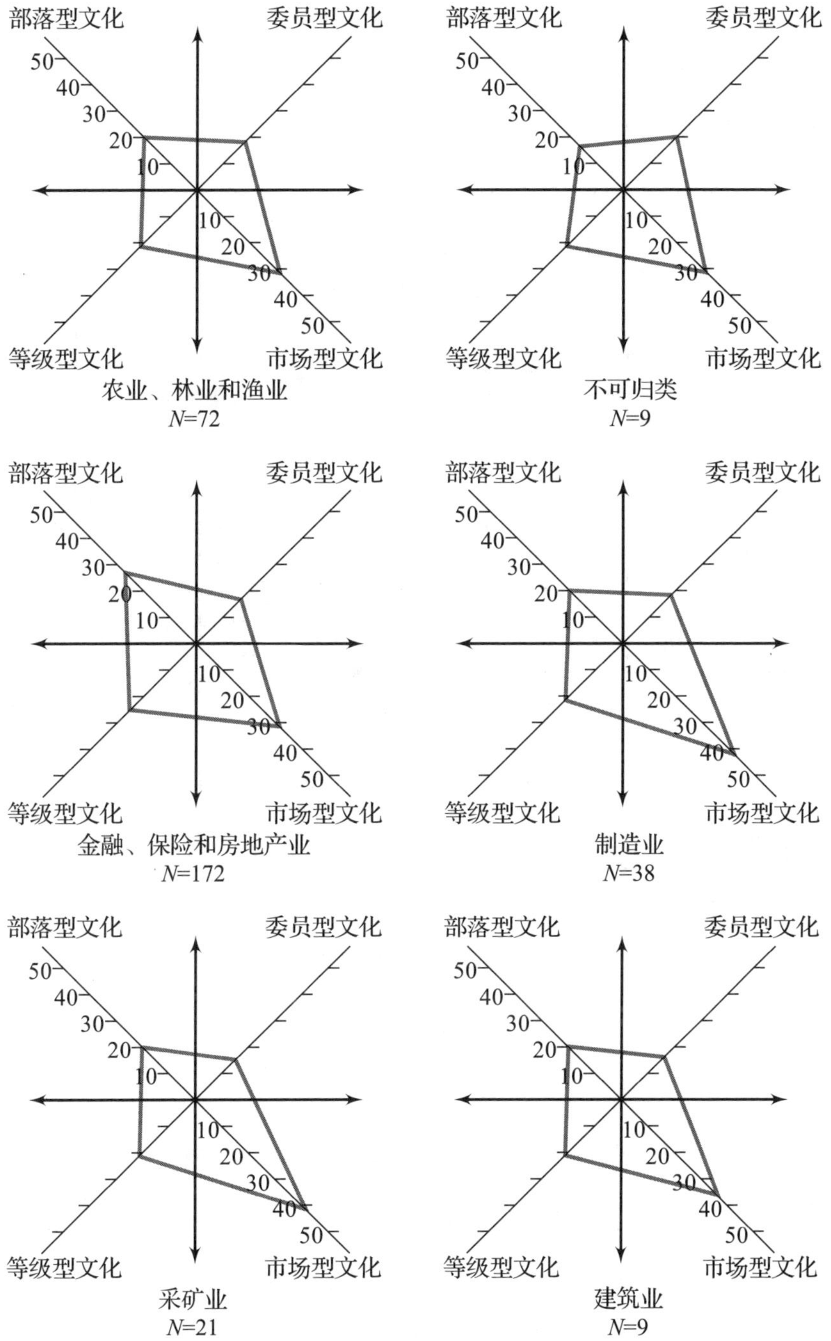

图 4－6　不同行业的均值组织文化轮廓图

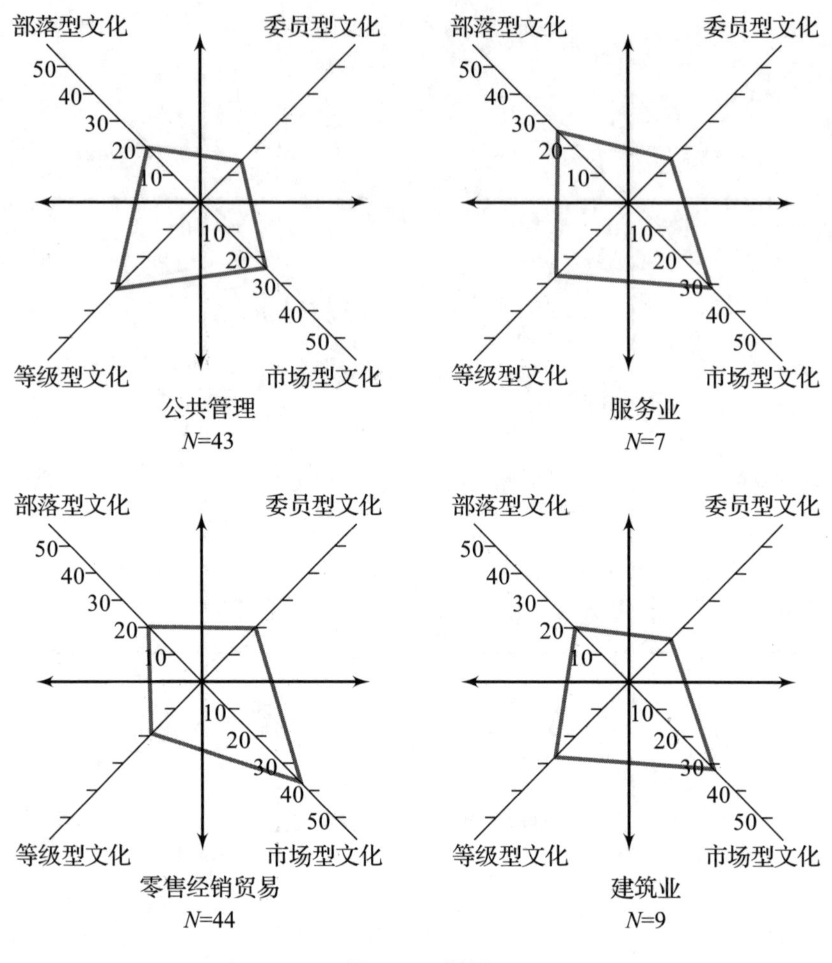

图 4－6 （续）

趋势

我们再次强调均值轮廓图并不代表着它们是理想状态，它们只是平均水平。这些公司和行业之间的绩效差异极大。它们可能代表了世界上绩效最佳的组织，也可能代表了当前运营状况不佳的组织。它们代表了很多行业中的组织，既包括公共领域的组织也包括私人领域的组织。其中大多数是美国的组织，但是该数据库中也有大量来自其他五个洲的组织。

大家可以观察自身组织的文化轮廓图是否与所在行业的均值组织文化轮廓图存在巨大差异。如果存在（或者并不存在），大家可以询问自己如下问题：我们的文化能够充分匹配环境要求吗？为了与环境要求相一致，我们需要开展哪些变革？我们是否关注了顾客的期望？我们在哪些方面发展得不充分？我们在哪些方面发展过度或者说不应关注过多？我们在哪些方面拥有独特的优势？我们的核心竞争力在哪里？

将组织的每一项 OCAI 属性的轮廓图与行业轮廓图和行业的均值轮廓图进行比较有助于激发出更多关于文化变革的洞见，以提升组织有效性。例如，如果自身组织文化轮廓图与行业均值文化轮廓图存在差异，可能意味着我们组织拥有着独特的优势——但也有可能是因为我们的组织文化不能满足行业环境的要求。

我们对超过 1 000 家组织的观察中发现一些趋势似乎是典型的。这些趋势可能根本不能代表大家所在的组织，但是有助于大家更加准确地对自身的文化轮廓图做出诊断：

1. 高层管理者一般会给部落型文化较高的评分。相对于较低层级的管理者，高层管理者对组织文化的评估更倾向于部落型导向。

2. 委员型文化的评分一般最低，大家可以在图 4－4 和图 4－5 中发现这一点。不仅委员型文化的平均得分会略低于其他文化类型，而且与其他三种文化类型相比，委员型文化占据主导地位的公司数量也较少。

3. 随着时间的推移，公司会逐渐重视等级型文化和市场型文化。一旦公司的文化由下半部两个象限的文化类型所主导，它们再想发展上半部两个象限的文化特质就会非常困难。就像重力在其中发挥着作用一般。下半部的象限拥有保持长久主导力量的倾向。实现向部落型和委员型文化的转变，需要人们付出大量的努力，对领导力也提出了很高要求。

4. 一些管理咨询师和学者认为“领导力”等同于上半部两个象限的文化特质，而将“管理”与下半部的两个象限划上等号。这已经成为一种非常普遍的现象，例如，研究者和评论者宣称领导力优于管理；也就是说，他们强调团队精神、创新和变革（部落型和委员型）而非维持稳定、生产力和现状（等级型和市场型）。对于上述得到广泛认同的领导力和管理之间的差异点，我们持有一些不同意见。我们的研究表明不管组织当前属于哪种文化，强化、维持、改变和形成某种文化都同时需要领导力和管理。不是管理者的领导者一定会失败，不是领导者的管理者也注定会失败。不能保持稳定的变革会陷入混乱，没有生产力的创新犹如空中楼阁。讨论“领导力”与“管理”之间的上述差异是没有意义的，因为领导力和管理都是组织的有效性所必需的。这是文化对立价值观模型的另外一个重要的观点。所有这四种文化类型（以及相应的管理能力）都是有价值的，也都有其存在的必要性，没有哪一种优于或劣于另外一种。

5. 文化轮廓图中经常存在矛盾的现象。例如，雪茄形状的轮廓图并不少见。这并不是说组织的文化轮廓图一定要在某一象限、坐标轴的上半部或者下半部有所侧重。很多高绩效组织会同时强调部落型文化和市场型文化或者同时强调市场型文化和等级型文化。这可能意味着优势，也可能意味着劣势。例如，我们在自己开展的一些研究中（Cameron，1986）发现，对于高等教育研究所而言，组织有效性水平最高的研究所既有强调创新和变革的（委员型文化）也有强调稳定和控制的（等级型文化）。同时，我们还发现，有效的组织不仅支持员工的发展（部落型文化），而且要求从他们身上获得产出和成就（市场型文化）。我们在该研究中得出的结论是：有效的组织能够表现出灵活的行为，有时甚至是自相矛盾的行为。它们既鼓励实实在在的生产力和成就，也会向员工授权并维持一种有趣、非正式的氛围。

6. 在过去大约十年的时间里，均值组织文化轮廓图略微向等级型文化象限以及与其相反方向的委员型文化象限倾斜。也就是说出现了一种趋势，大家在强调控制、稳定、质量和流程的同时也在强调创业精神、风险和创新。

7. 将四方形的文化轮廓图与高度强调一种或者多种文化的轮廓图相比较，我们并没有发现它们的绩效存在系统性的差异。在一些情况下，四方形的文化轮廓图仅仅意味着组织没有很好地认识自身文化、优势和独特的能力。某些时候，它仅仅表明每个象限的文化都得到了良好的培育。我们的观点是没有必要追求发展一种均衡的文化轮廓图。

总结

本章中，我们简要介绍了分析文化轮廓图的方式。本书贯穿始终的目的在于帮助大家了解自身文化的优势以及潜在的变革需求。通过分析，可了解我们组织的状况与相似组织的异同、不同的属性是如何匹配一致的、未来的变革可能需要聚焦的方面。

在下一章中，我们将介绍系统设计文化变革的过程。为便于说明，我们将使用实际的组织文化变革案例。

05

第五章

使用模型进行组织文化诊断和变革

在经历生命周期变化和应对外部环境压力的组织中，对立价值观模型是诊断和启动文化变革的一种方式。每一个组织的文化轮廓图都反映了其潜在的特性：管理风格、战略计划、氛围、奖励体系、凝聚方式、领导力和组织的基本价值观。那么，文化变革就需要对文化的这些要素进行识别和调整。识别和调整是开展文化变革的关键挑战。

在本章中，我们为识别出组织文化需要变革的内容以及形成启动关键要素变革的策略提供了一种方法论。该方法论的基础是负责开展和管理变革的人员之间进行对话。它通常会涉及组织高层管理者，但也可能涉及所有层面的组织成员。

因为大多数组织的文化是隐蔽的，是大家认为理所当然的东西，大多数组织成员在识别或者描述文化方面都会经历一段时间的困难，要有意识地对其做出改变则是难上加难。这就是组织文化评估量表（OCAI）特别有用的原因。该工具有助于发现组织成员原本不能识别或者表述的组织文化内容，让它们浮出水面。它让一名管理者或者可能的变革推动者告诉组织成员："这是我们可以用来识别自身文化关键特征的一种工具。它聚焦于能够反映我们是谁、我们如何应对组织挑战的六个核心要素。该工具可以让我们对当前所处的位置以及想要到达的地方进行测量。我们使用 OCAI 并将之作为整个系统过程的一部分，通过对文化的测评明确将要采取的措施。它将帮助我们形成行动计划。"

正如大家在本章中将要看到的，不管是变革推进的新手还是经验丰富的专家，均可以采用该文化变革过程。事实上，在全球范围内有大量的咨询公司和变革推动者在实施文化变革过程中采用了该工具和方法论。然而，我们撰写本书的目的在于让没有接受过变革推动者培训的管理者同样可以使用该方法论来实施他们的变革方案。

在本书附录 B 中，我们为开展组织内各个方面的文化变革提供了一些有用的建议。这些建议对本章中描述的方法论进行了补充，可以帮助在管理文化变革过程方面缺乏经验的管理者有效地开展此项工作。经验较为丰富的变革推动者可以使用 OCAI 和该方法论解决文化变革面临的深层障碍，促进公司的重大转型。尽管本章描述的方法论是线性的、逐步推进的，但我们在领导组织成员实施文化变革方案的过程中可能会使用到各种变化形式。

能够说明该方法论有用性的一种方式就是描述一个著名的组织基于 OCAI 进行诊断并实施了文化变革。该组织坚信文化变革项目（Hooijberg & Patrock，1993）可以改善组织有效性。在描述完这个案例研究后，我们将会呈现使用 OCAI 的九步法。之后，我们将介绍另外两个案例研究，以说明解决深层变革问题时用到的一些 OCAI 方法论的变化形式。

文化变革计划：一个案例

为了让组织更具竞争力，一家著名公司的高层管理团队决定实施重大组织变革。该组织是一家大型跨国企业，为微电子行业生产线路板。它面对的是节奏快、变化快且竞争激烈的环境。高层管理者认为自我管理工作团队的引入是实现预期组织变革的一项关键要素。但是，这些管理者担心，在之前20年里形成的指令－控制型文化及高度体制化的组织中，开展自我管理或许并不能持久。

诊断和实施文化变革的方法论需要经过一系列步骤。高层管理者首先需要成立一支25人左右的领导团队，他们分别是来自管理层、员工和工会的代表。他们的职责是就组织需要哪种文化方能满足未来的竞争要求达成一致意见，并维持参与式管理过程，如自我管理工作团队。

为了诊断组织当前的文化，每个团队成员都要完成OCAI评估。接下来将他们分成六个群组，每个群组都要包括来自管理层、员工和工会的代表。每个群组都要对所测评的文化属性达成共识。之后将六个群组的文化轮廓图进行平均形成组织的整体文化轮廓图。图5－1中的实线显示了该过程形成的最终轮廓图。

下一项任务是就期望或者未来的组织文化轮廓图达成共识。为此，每一个团队成员要再次完成OCAI，思考为了获得成功绩效未来应该有怎样的文化。首先各个群组就期望的未来文化达成共识，然后所有的群组作为团队就期望的组织文化形态达成一致意见。图5－1中的虚线显示的是该过程的最终成果：组织当前文化形态和未来期望文化形态之间的比较。

基于当前文化形态和期望文化形态之间的差异，领导者团队确定了组织文化的哪些方面需要得到更多的关注，哪些方面的关注需要弱化，哪些方面的关注程度需要维持不变。从图5－1可以很明显地看出组织想更多地强调部落型文化和委员型文化，削弱等级型文化和市场型文化。进行自我管理存在极大的潜在障碍，因为这对部落型文化强调得并不够。

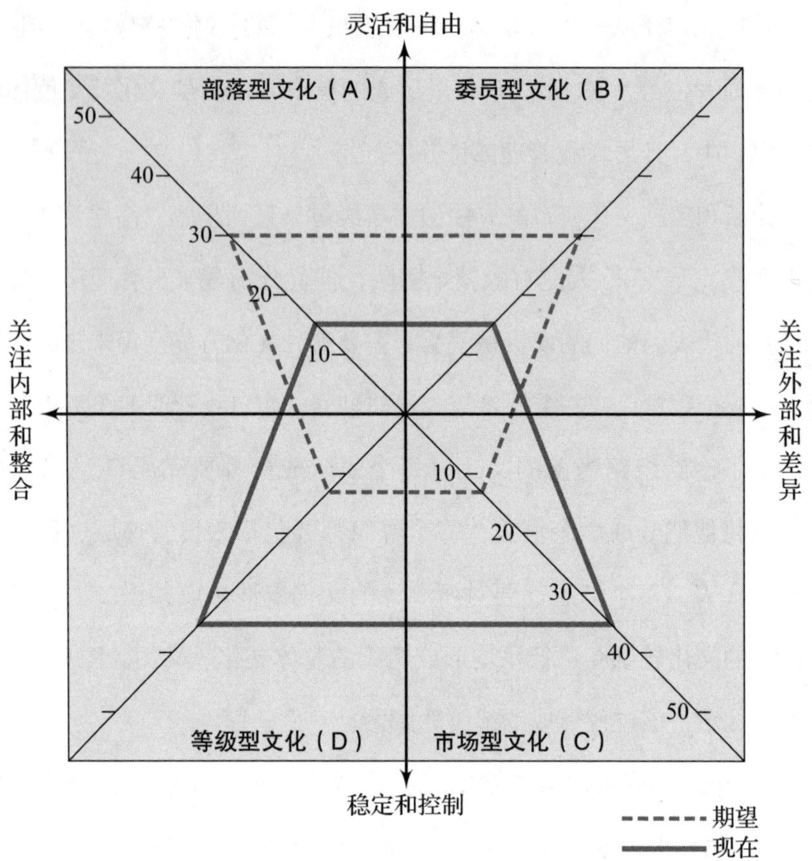

图 5-1　某组织当前和期望的文化轮廓图

根据当前和期望的文化轮廓图之间的差距，团队随后需要就为了增强或减弱对每种文化的重视应认可什么、不认可什么达成共识。例如，增强部落型文化意味着需要提供更多的支持，提升员工参与度。但这并不是说人们可以为所欲为或者说不再需要努力工作。文化变革过程中的这一步骤是为了提醒团队成员在进行文化变革时需要权衡考虑。它同时还指出即使文化的一些方面不是当前文化变革战略的要点，也不能放弃对它们的关注。图 5-2 展示了团队在该步骤中形成的资料。

部落型文化	委员型文化
☑ 增强　□减弱 □ 保持不变	☑ 增强　□减弱 □ 保持不变
认可…… 调研和满足员工需求 增强团队精神，提升参与度 支持和认可具有团队精神的人 通过授权激发更高的士气 建立更高水平的信任感 更加清晰地表达出对人们的关心 为自我管理提供机会	认可…… 为业务重新注入活力 鼓励和赞美勇于承担风险 促进创造性方案和创新的形成 改变规则，而非例外情况 成为一个更具前瞻性的组织 提出更大胆、更创新的项目 阐明清晰的未来愿景
并不认可…… 无纪律和过度放纵 形成追逐权力的阀系党派 友爱大聚会 只促进对内部的关注 工作不勤奋却有很高的期望 忘记长期目标——保护低绩效者 没有责任的自由	并不认可…… 开展业务时随心所欲、鲁莽行事 不顾及顾客要求 自私和自我膨胀 失去目标 一切追求最新 承担不必要、不可知的风险 摒弃认真分析和规划
等级型文化	**市场型文化**
□ 增强　☑减弱 □ 保持不变	□ 增强　☑减弱 □ 保持不变
认可…… 减少无用的规则和程序文件 减少不需要的报告和文书工作 减少公司指令 取消微观管理 解除不必要的限制 下放决策权	认可…… 稍微减弱财务指标与考评的集中性 停止不惜成本地追求高数据 聚焦于关键目标 持续激励人们 在关心人的同时关心市场需求 记住我们仍然需要挣钱
并不认可…… 缺少逻辑结构 让员工在没有指引的情况下自我管理 消除责任与考评 消除生产计划 计划散漫，反应迟缓 利用环境优势	并不认可…… 忽视竞争 失去求胜心和争做第一的意愿 失去长期目标和目的 忽略顾客 放弃盈利估算和预算 不再重视结果

图 5－2　组织的“认可－不认可”分析

最终，团队识别出了为增强对部落型和委员型文化的重视，减弱对等级型和市场型文化的关注，可以实施的一些具体措施。该公司并不想放弃等级型文化中控制和严谨等属性，以及市场型文化中勤奋、以目标为导向等特征。当然，它也不想过度强调部落型和委员型文化。团队识别了他们想分别增强、减弱哪种文化，而哪种文化要保持现状，基于这些清单形成了实施变革的行动方案并开始实施组织文化变革的战略。

文化诊断活动的最终结果是成功采用自我管理团队的方式进行文化变革，减小阻力，同时让更多人对组织的潜在优势和未来方向有了认识。如果没有最初的文化诊断，根深蒂固、业已过时的文化就会产生内在的阻力，使所有的变革努力付之东流。

设计组织文化变革过程的步骤

使用某组织的经历作为例子，我们展示了一个包含九个步骤的过程，这是在设计和实施组织文化变革时应该遵循的。这九个步骤旨在促进参与并将由文化变革影响者带来的阻力降到最低；为所有涉及的人澄清新的文化重点将是什么；识别在变革过程中哪些将会保持不变；形成可以推动文化变革的具体行动方案；确定保障责任的措施和度量；开发领导者能力，保障变革后的组织有效性。

实施组织文化变革可以遵循如下九个步骤：

1. 就当前的组织文化达成共识；

2. 就未来期望的组织文化达成共识；

3. 确定变革认可什么及不认可什么；

4. 找出可以阐释未来期望文化的故事；

5. 确定战略行动计划；

6. 发现可以立即获得的小胜利；

7. 识别变革对领导力的影响；

8. 确定成功标尺、评价措施和里程碑；

9. 制定沟通策略。

接下来，我们逐一说明各个步骤。

第一步：就当前的组织文化达成共识

分析确认内部了解组织整体文化的关键人物。确保实施变革方案的人参与进来，是保证变革工作取得成效的必要条件。他们每个人都应该完成 OCAI 评估。在测评时需要确保每个人评估的都是同一个组织。也就是说，测评中不能出现以下现象：一些人评估的是一个部门而另一些人评估的是整个公司。重要的是，要确保对于所有评估者而言分析对象必须是同一个。

这看似是一项简单的任务，但我们在不少组织中发现部分管理者评估的只是一个业务单元而其他管理者评估的是整个公司。在团队就合理分析方面未达成共识之前，讨论改革的内容和实施改革的方式是一件令人沮丧的事情。当然，提供 OCAI 评估结果的人应该了解整个组织并有全局视野。拥有狭窄或者局部视野的受访对象——例如，在某个部门工作但没有机会了解整个组织的人——不可能提供可靠有效的评估结果。

让这些人聚集在一起对组织当前的文化形成一致意见。不要直接计算评估结果的平均值，而是要认真考虑与其他人持有不同看法者的观点。如果完成评估的人很多，就将他们分成小组，让每个小组形成共识并绘制文化轮廓图。不管这些评估存在怎样的差异，我们都不能忽略任何人的评估。要让大家一起讨论，是什么因素使他们各自对组织文化作出这样的评价，这一点尤其重要。

该讨论和共识的形成通常是最有成效的实践活动，因为它可以形成理解、开放的沟通渠道，突出之前未能发现的组织文化的某个方面。让每个人单独完成 OCAI，可以让他们对如何认识组织的文化进行深入思考，鼓励每个人参与其中，并为形成整体的文化轮廓图提供最多的信息。

在每个小组就当前的文化轮廓图形成一致意见后，每个小组的代表聚集在一起形成共同认可的组织文化轮廓图。在讨论过程中，团队需要解决如下问题：

- 我们提供个人评估结果的基础是什么？
- 什么组织和管理行为可以反映我们的评估结果？
- 组织内部忽略了什么？
- 驱动组织发展的基本假设是什么？
- 组织现在与过去有着怎样的不同？
- 什么事件可以反映我们的组织文化？
- 组织典型的规范和心理契约是什么？
- 组织尤为独特之处是什么？

第二步：就未来期望的组织文化达成共识

重复第一步，这次我们聚焦于期待或者期望的文化。我们将对当前的文化与期望的文化分开讨论，以避免两种文化相互影响。为了明确期望的文化，我们需要对如下问题进行讨论：

- 为了在未来获得巨大成功，我们需要成为什么样的组织？
- 组织在未来的环境中需要面对哪些需求？
- 我们需要对哪些趋势有所认识？
- 我们想在哪些领域走在前沿？
- 我们在哪些方面发展不足？
- 未来顾客和竞争者对我们会有什么要求？
- 如果要在行业内占据主导地位，我们需要对组织做出什么改变？
- 组织具有什么独特优势能将自己与其他组织区别开？
- 组织曾经拥有的最佳之处是什么？我们未来如何进行复制？

记住，每个人都要参与这些讨论，而且任何一个人的观点都不能被忽视。我们要让每个人尽可能多地为其观点提供逻辑依据和事实证据。不要使讨论变成虚无缥缈或者天马行空的漫谈，讨论应该建立在三大基础之上：依据充足信息所做的预测、具体翔实的案例和可经证实的数据。对这些问题的讨论有助于形成共同认可的期望文化，即组织的发展方向。再次强调，我们在建立共识的过程中不能走捷径。例如，我们不能简单地将所有的数据放在一起求平均值。讨论本身有可能是整个过程中最有价值的。

第三步：确定变革认可什么及不认可什么

在图 5－3 上绘制出当前和期望文化的轮廓图，并突出差异。没有显著的差异并不意味着不需要实施重要的变革。小的转变有可能与大的转型同样重要。而且，在特定类型的文化下做出小改变可能同大变革一样困难。例如，小幅度提升对委员型文化的重视可能与大幅度提升对部落型文化的重视付出同样的精力和努力。在文化轮廓图上，当前文化与期望文化之间的差异区域显示了变革需要聚焦的地方。

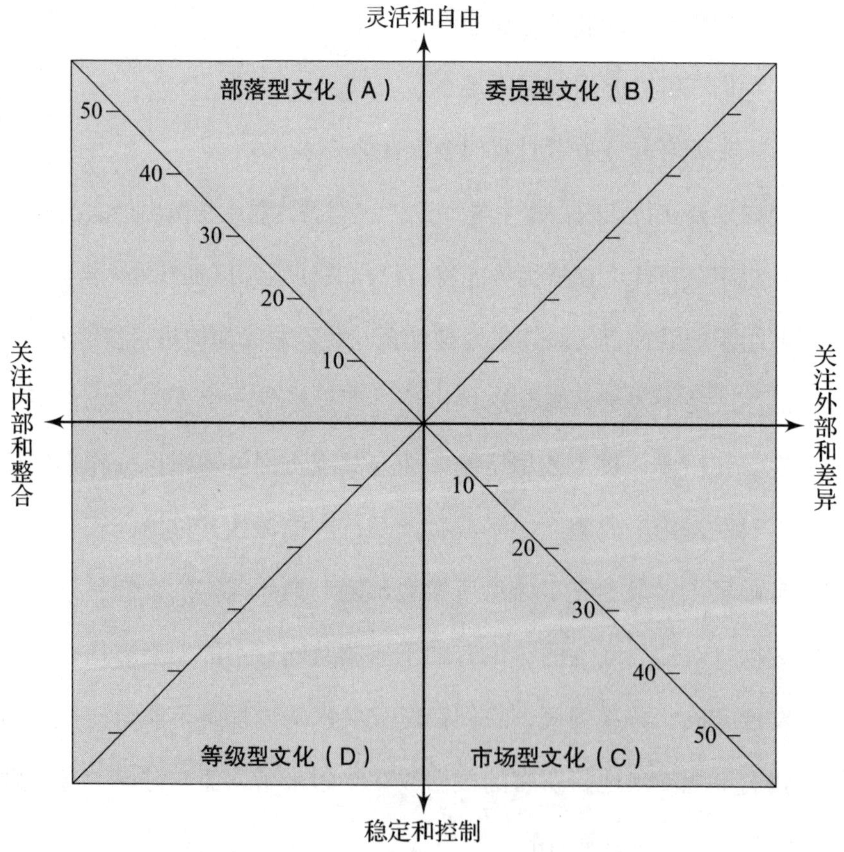

图 5－3　组织文化轮廓绘制图

该步骤中最为重要的是让所有人完成图 5－4 中的内容。每个人需要认识到强调某种文化类型或者削弱对该种文化的重视表明什么是可取的，以及什么是不可取的。我们需要记住朝着某种文化努力并不意味着要摒弃或者忽略其他类型的文化。这仅仅表明如果想要文化变革取得成功，我们必须对某些要素更加重视。

部落型文化	**委员型文化**
□增强　□减弱 □保持不变 认可…… 并不认可……	□增强　□减弱 □保持不变 认可…… 并不认可……
等级型文化	**市场型文化**
□增强　□减弱 □保持不变 认可…… 并不认可……	□增强　□减弱 □保持不变 认可…… 并不认可……

图 5－4　变革认可和不认可什么

我们需要解决如下问题：

- 如果想让文化轮廓图朝着期望的类型变化，我们需要重视哪些特性和活动？

- 哪些规范、人工饰物和行为需要在新文化中占据主导地位？
- 如果想让文化轮廓图远离某种文化，我们需要减弱或者排除哪些属性？
- 虽然我们想要远离一种文化，但其中哪些特征需要保留？
- 每种文化有什么独到之处是我们一定要保留的？
- 即便我们将开始强调另外一种类型的文化，当前的文化类型有什么重要之处需要继续保留？
- 对于文化的某一方面，哪些可以形成惯例以便我们不需要投入更多的注意力和资源？
- 我们如何确立新的文化？

团队应该对其成员在图 5-4 中每个部分列出的关键要素达成共识。也就是说，在改变各种文化的关注程度时，需要分别识别出认可以及不认可哪些关键属性、行为、规范和原则。同时团队成员还要做好准备，向其他人解释并帮助他们理解将如何进行文化变革。换言之，该步骤的目的在于就未来期望的文化样态、组织未来的关键特征、哪些需要变革和保持不变，以及当前的组织文化有哪些宝贵之处仍将沿袭形成广泛的、具有共识的愿景。

附带说明一下，我们的同事艾伦·威尔金斯（Alan Wilkins，1989）认为任何组织变革工作都需要基于“公司特征”，这是非常重要的。简单来说，这意味着有效的变革需要充分利用组织经年累月形成的核心能力、独特使命和独到的特性。组织特征就像家庭传统或者国家意识。组织并不想放弃令其具有独特性的方面，但是它们确实想改变其他的事情。识别出变革认可什么以及不认可什么有助于提醒人们一定不要摒弃组织的核心竞争力。组织成员将会不惜一切保留一些要素，即使它们属于一种关注程度较低的文化类型。

第四步：找出可以阐释未来期望文化的故事

故事是沟通和阐述组织文化的最佳方式（Martin，Feldman & Sitkin，1983；Martin & Powers，1983）。即与其他方式相比较，标识新组织文化特征的关键价值观、期望导向、行为准则能够通过故事清晰地传播。例如，在联邦快递（FedEx)，你随便找人聊天，就会听到一个故事：有位员工在一场暴风雪中租用直升机到达山顶，修复了导致电话系统瘫痪的变压器。这个故事阐释了顾客服务和及时性的价值。西南航空（Southwest Airlines）有个众所周知的故事，CEO 会在假期到行李运输线上工作，让员工休息，这说明西南航空秉持客户第二、员工第一的价值观，首先要让员工享受到“超级热情服务”。通过反复讲述能够阐释期望的价值观、属性和士气的故事，员工可以快速、清晰地学习新文化中的合理行为。

因此在该步骤中，团队需要找到一个真实事件或者一项活动，可以阐明他们在未来文化中想要渗透的关键价值观。这些事件或者价值观应和组织相关，以便员工对阐述的价值观产生共鸣。事实上，我们可以在团队中讲述这些故事，让团队成员确认它们可以充分传达期望的价值观和文化。我们要清晰地传达可借鉴的经验和蕴含的道理。这些故事与清晰传达出来的激发人心的未来愿景发挥着同样的功能。不同于大量的文化轮廓图、战略清单和CEO激励性的演讲，它们在传递新文化的过程中可以发挥更大的作用。

以下问题有助于我们找到合适的故事：

- 以前发生过的什么事件可以最好地展示我们想要实现的目标？
- 组织的领导以身示范，做过的什么事情可以反映期待的文化？
- 组织是否有最令人鼓舞的故事？
- 每个人都知道的特别积极向上的事件和活动是什么？
- 被人忽视的岗位上的员工发生的最能说明组织抱负的故事是什么？
- 需要一遍遍复现的重要故事是什么？

第五步：确定战略行动计划

文化变革的前四个步骤是为了对当前存在的文化形态以及未来想要实现的文化进行澄清并达成共识。这些步骤的关注点是形成共识，确定哪些需要保留而哪些不需要，以及为了在未来取得卓越绩效所需要拥有的文化。如果缺乏清晰的共识，其余的变革过程都将沦为空谈。

在对组织文化变革认可什么以及不认可什么达成共识，对什么价值观需要得到强化形成一致意见后，第五步的内容是识别可以促进期望变革的战略计划。我们需要完成图5-5中的内容以便分析每种文化中的少数关键战略措施。作为一个团队，为了启动文化变革过程，我们应该在开始做什么、停止做什么以及哪些应该做得更多等方面达成共识。该步骤要求团队确定需要采取的措施和行为，这是文化变革的一部分。

部落型文化	委员型文化
我们应该做得更多的是什么？ 我们应该开始做什么？ 我们应该停止做什么？	我们应该做得更多的是什么？ 我们应该开始做什么？ 我们应该停止做什么？
等级型文化	**市场型文化**
我们应该做得更多的是什么？ 我们应该开始做什么？ 我们应该停止做什么？	我们应该做得更多的是什么？ 我们应该开始做什么？ 我们应该停止做什么？

图 5－5 需要采取的措施

在形成战略方案时，大家需要确保对以下几项关键措施进行考虑：

● 形成意愿。变革过程中遇到阻力是必然的，这是因为人们已经习惯的基本价值观和生活方式即将发生改变。识别未来状态的优势，如果不改变将会带来的劣势，展示当前绩效状态和未来绩效要求之间的差距，提供实施变革所需的资源，奖励与目标变革相匹配的行为等，这些措施可能会增强大家的变革意愿。

● 解释原因。如果人们知道变革为什么是必要的，大部分阻力就会减弱。而且，有关沟通的研究表明人们愿意向他们在乎和高度尊重的人解释原因，而直接告诉不那么在乎或者尊重的人应该做什么。因此，解释原因能够向受到文化变革影响的人们传递出关心和尊敬。

● 关注流程。为了让变革持续，就需要将变革在组织涉及的核心流程中反映出来。这意味着甄选人才、评价人才和奖励人才的流程必须做出改变以反映新的文化。它说明核心业务流程，如设计、工程、生产、交货和服务可能都需要重构。重新对结构进行布局或者重新安排汇报关系并不必然地对长期成功做出贡献。而流程的改变一定会实现这样的结果。

- 获得社会支持。建立变革支持者联盟并授权给他们。让受到变革影响的人参与进来。倾听他们的观点，让他们感受到被理解和重视，有参与感。找出能够影响其他人想法的意见领袖，让他们成为行为榜样，积极推动变革。

- 提供信息。定期提供尽可能翔实丰富的信息。如果缺少信息，人们就会自己创造信息，所以我们需要通过建立沟通渠道、提供真实信息、为参与者提供单独的反馈，尤其要以公开的形式表扬成功者，来减少流言、消除模糊。

在采取这些行动步骤时，我们需要牢记如下问题：

- 需要终止哪些不必要、冗余、不增值和分散注意力的活动？
- 我们应该从哪里开始？
- 我们需要储备哪些资源？
- 哪些流程或者体系需要重新设计？
- 我们需要了解哪些环境因素？
- 我们需要采取一些措施，它们要具有以下特点：能够创造价值，稀有少见，难以被模仿，可以充分利用我们拥有的优势——这些措施有哪些？
- 我们可以建立哪些联盟？

第六步：发现可以立即获得的小胜利

与该步骤相关的任务是形成关键行动措施清单，它们数量不多，但是可以立即实施。找出一些可以迅速做的事情——明天一早就可以行动——从而启动变革过程。这些事情势必是小的、逐步进行的变革或者活动，但是它们对于启动变革过程至关重要。我们的实践经验是：找一件简单的事情进行变革，改变它，然后公开。然后发现第二件容易的事情进行变革，改变它，然后公开。这种变革方式产生了一种动力。观察者发现这种运动正在进行。因为变化小，一般不会产生阻力，但是可以引发潮流效应。如此不仅可以减少阻力，还可以让大家产生变革取得实质性进步的印象。最重要的是，肯定和突出每一项变革就会创造一次赞美的机会。每项小的变革均代表着一次胜利。因为胜利可以带来积极的能量和热情，也容易获得支持。

一定要确保小胜利的清单不要太长或者太多样，否则完成起来比较困难，与期待的文化变革不一致。负责变革文化的每个团队成员都可以制定自己的行动方案，但是他们一定要在最有效、最明显的方案上达成共识。迅速实现小胜利的目的在于产生动力，因此也要强调能够令人感受到进步的最有影响力的方案。

这些小的变革必须目的明确、与期待的文化变革一致，而非松散随意的。我们的行动措施要让人感受到进步，而不是混乱或者无计划的。这就是为什么在文化变革的这个阶段我们需要一个认真设计的目标清晰的小胜利清单。大家需要思考的问题包括：

- 在组织内部有哪些简单的事情可以作为变革的对象?
- 有哪些明显的措施可以触发大家形成对变革的印象?
- 哪些物质环境方面的内容可以进行调整?
- 我们可以开展哪类表扬活动、采取何种表彰方式?
- 我们应该以怎样的频率突出强调小胜利?

第七步：识别变革对领导力的影响

文化变革对于领导力的影响是双重的。一是开发领导力，让领导者具备领导变革过程的能力，同时推动形成实现目标所需要的共识和合作。领导者必须拥有促进变革过程所需的才能和素质，此外在组织形成未来期望的文化后，他们要有能力领导组织，还要有与未来文化和当前文化相匹配的能力。

例如在苹果公司发展的早期乔布斯就非常清楚，如果公司变成了具有官僚性质、控制森严的个人电脑制造商，他就不再可能领导该公司。占主导地位的部落型文化和委员型文化转向控制型文化和市场型文化，导致董事会解雇了公司创始人。乔布斯当时的领导能力和性情与苹果正在形成的文化不一致。后来苹果为了重塑被抛弃的委员型文化再次雇用了乔布斯。

我们一定要确保开展必要的领导力开发活动，还要对未来需要的能力有清晰的认识，变革始终意味着个人改变。

二是领导者必须找到某种方式，让个人承诺和体现个体责任的一些可视化指标显而易见。我们务必让组织的其他人清晰地看到，所有的领导者众志成城，全力支持变革。其中一种方式就是举行象征性的“葬礼”。有时为了促进变革，领导者需要对之前的活动进行批判，否定过去的实践。这么做的问题是可能导致更大的阻力和挫折。大多数员工都是老员工，批判过去也就是贬低他们曾经的努力，否定他们曾经取得的成就。另外一种方式就是举行一个像葬礼那样的仪式，赞美过去，突出过去最精彩的地方，然后对未来持乐观态度，充满希望。我们要着重描述未来与过去的不同。领导者不能通过批判过去获得支持，但可以通过埋葬过去，表达对未来持乐观态度来获得支持。

如下问题有助于指导领导者准备和开展工作：

- 在领导变革工作时需要哪些能力?
- 在期望（变革后）的文化中哪些能力是最有价值的?
- 在变革完成后我们需要什么样的领导者?
- 我们需要立即提供什么领导力培训和开发机会?
- 我们需要领导者的奖励和表彰体系做出什么改变?
- 为了保证实现旧文化和新文化之间的顺利过渡，我们需要什么样的接任计划?

第八步：确定成功标尺、评价措施和里程碑

变革不能发生——无论是个体层面还是组织层面——主要原因之一就是实现预期结果的责任没有坚持落实。而责任缺失、疏忽或者不能一以贯之的原因是没有人对过程进行跟踪，也没有人进行汇报。谚语“评估什么，完成什么”同样适用于文化变革。

文化变革过程中有一个重要环节，就是要明确能够度量成功与否的评价措施、关键指标的评价标准，以及标志阶段性进展的里程碑节点。简单来说，要进行评价就意味着要对变革成功所需要素进行量化和界定。我们怎样知道变革正在取得实质性的进展？什么可以度量成功与否？测评标准是一个会对变革产生影响的明确指标或者杠杆。例如，几年前迈克尔·伊斯内尔（Michael Isner）成为迪士尼的CEO时，迪士尼的营业收入开始下降，对于伊斯内尔来说，关键指标——成功的评价标准——是一年内制作的电影数量。主题公园成功的指标是营业收入和零售量。在文化变革中，确定的标准会超过一个，但关键的标准只有几个。里程碑是评估进展情况的标准。比如，在一个具体的日期之前，变革会取得一定程度的进展。就像路标一样，里程碑有助于评估变革进展和时间进度。

变革过程中涉及的人需要对变革的某个方面负责。人们会简单地认为其他人、团队或者顶层的某个单元会对文化变革负责，但是如我们在第六章中指出的，文化变革总是会涉及个人改变，人们必须对文化变革持续承担责任。大家可能需要思考以下问题：

- 衡量进程的关键指标是什么？
- 怎样知道我们取得进展？
- 什么构成了成功？谁应该对什么承担责任？
- 哪些是应该收集的最好标准？
- 我们应该以怎样的频率评估进展？
- 我们在什么日期取得明显的变化？
- 所有的变革什么时候完成？

第九步：制定沟通策略

最后一步是确定以什么样的方式在整个组织内部传递信息，需要设计什么标识或者标志，用什么方式可以保证所有参与人员的全情投入。标识、信头、保险杠贴纸、标语、色彩或者其他代表组织的可见或易于识别的图示，是伴随文化变革产生的最为重要的一些变化。虽然新的标识不可能一次又一次改变，也不一定是有效的，但它意味着新的未来。标识的永久性改变是象征性事件，它传达出的信息是组织下定决心致力于文化变革。

我们知道有个组织召开了全体员工会议。他们在大礼堂每个座位上都绑了一个气球，气球里面放了一张有旧标识和愿景陈述的纸片。此外，每个座位上还有一个大头针。在 CEO 演讲中的某个时刻，每个人被要求扎破手里的气球，标志着老愿景、战略和文化导向的结束和新的开始。

新标识意味着认同，有助于成员理解未来将会是什么样。例如，太平洋十大学联盟[①]（PAC-Ten Conference）最近改变了标识，以此作为一个清晰的信号——它正在媒体、学校扩张和增加营业收入方面实施新的战略。重点是，新标识可以将人们凝聚在一起。

没有来自整个组织的参与、投入和积极支持，文化变革就不可能发生。施乐公司在面临巨大的文化变革需求时，使用了一项用以带动大家投入和支持的沟通战略。在复印技术的专利保护到期后，施乐公司发现其生产成本要比佳能（Canon）高出 30%。更严重的

① 太平洋十大学联盟创建于 1915 年，由美国西部十所著名大学组成，是美国最早建立的大学联盟，也是美国最强大的体育联盟。它获得了多个奥运冠军、世界冠军和美国冠军（整理自百度）。——译者

是，其复印机的质量远远低于竞争者的产品。如果没有重大的变革，施乐可能已经破产。该变革过程的关键就是图 5－6 中显示的简单沟通过程。

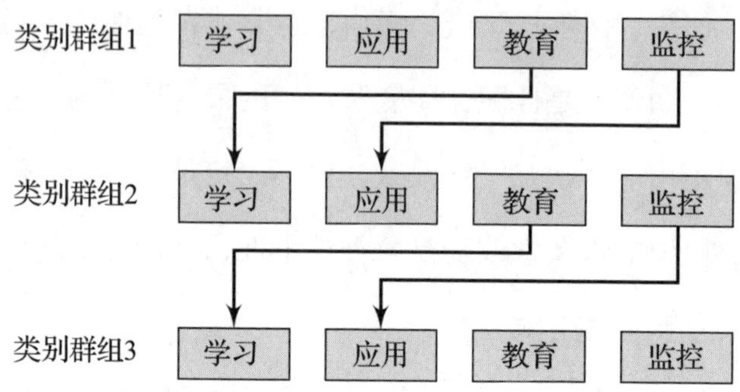

群组成员共接触信息四次：
1.当他们学习原则时
2.当他们应用信息时
3.当他们教育其他人时
4.当他们监控其他人的应用情况时

图 5－6　施乐的文化变革沟通策略

在将职级作为主要依据的基础上，他们对组织成员进行了分组。高层管理团队（类别群组 1）确定了未来的愿景，对之进行了清晰的表述，明确了期望的文化，并学习了组织和文化变革的一些原则。然后组织要求他们制定自己的和群组的行动计划。之后就是对其他人进行教育，沟通愿景，并向其他人解释新文化的合理性。他们的教育对象是来自组织下一个层级的人。最后，类别群组 1 中的成员需要监控（或评估）变革工作的有效性。他们不仅要监控自己的行动，还要对类别群组 2 的变革计划进行外部监督。类别群组 2 重复该过程，针对类别群组 3 进行沟通、教育和评估。

结果是，每个类别群组的成员均以四种不同的方式接触到新文化：学习它，形成行动方案并努力实现，对其他人进行教育以及评估和考核。第一步，学习它，有助于对变革所依据的关键原则进行澄清。第二步，应用学到的原则，让文化变革成为个人的事情。这不是其他人能代劳的，个人变革是必需的。第三步，教育，有助于澄清所期望的文化，在老师的带动下认同新文化，令整个组织参与其中。第四步，监控，有助于明确成功的关键标准。

我们建议大家在自身的文化变革工作中采用与施乐相似的策略。如果有实施文化变革的合理策略，沟通过程就会取得更大的成功，而不是仅仅希望未来会有不同的事情发生。归根到底，“种瓜得瓜，种豆得豆”。

思考如下问题：

- 组织成员如何参与文化变革相关信息的沟通和贯彻？
- 我们如何确保工作方案的持续沟通？
- 我们需要与哪些人沟通哪些信息？
- 我们如何对清晰可见的标志和标识做出改变？
- 我们可以形成何种简单的信息用来沟通期望的文化？
- 我们用什么方式可以激发大家对文化变革产生热情和积极能量？

小结

我们列出实施文化变革的九个步骤，旨在确保组织从一开始就能清晰地了解自身当前的文化以及为何需要进行变革。期待优化的组织出现的普遍错误是他们没有投入时间让员工就组织当前所处的位置以及未来需要到达的地方形成一致的见解。失败的组织往往仓促实施新的变革项目，而没有考虑到对当前文化达成共识的需要，也忽略了就变革中认可和不认可的内容以及何时启动、停止或继续特定变革形成共同观点的需要。这九个步骤的策略有助于大家克服这些常见的变革阻碍，让文化变革的管理更加系统化。

文化变革是充满困难的长期工作。随着时间的推移，我们需要解决组织几乎所有方面的问题，以确保它与期望文化相一致并予以强化。要记住所要考虑的组织各个方面，可使用由沃特曼、彼得斯和菲利普斯（Waterman，Peters & Phillips，1980）提出的 7S（Seven S）模型：认为成功的文化变革可能需要在结构（structure，组织架构）、标志（symbols，用以强化文化的图像）、体系（system，如生产体系、评估体系、选拔体系以及质量体系等）、人员（staff，人力资源的选拔和开发）、战略（strategy，组织愿景的行为表现）、领导风格（style of leaders，顶层领导者的态度和树立的榜样）、管理技能（skills of managers，实施变革必要的能力）。这些要素的彼此呼应是文化变革成功的重要组成部分。

OCAI 方法论的补充

当然，在深层次上开展文化变革需要基于九步骤补充其他的措施。

我们提供了另外一个需要变革自身文化的组织的案例研究。但是该组织文化变革的关键是高层管理团队在 OCAI 方法之外采取的一些措施。我们讨论该案例的目的在于说明，当我们把 OCAI 作为文化变革全面战略的基础时，可能会有一些变化。

该公司有几个事业部，分别为客户提供不同的产品或服务。各事业部之间存在鸿沟，事业部的经理在自己的王国里扮演着“首领”的角色。在一次关于公司未来的讨论中，公司 CEO 和董事长认为每位顾客都应该毫不费力地接触到公司各个事业部的产品和服务。但在当时要做到这一点简直是天方夜谭。他们认为，要想为顾客提供无缝的前端，必须从高层管理团队开始做出改变。他们需要一个真正的团队，如果高层管理团队继续各自为政，只为个人打算，组织将不会长期存在。他们需要一种新的文化，一种强调合作、团队精神和服务客户的文化。

尽管组织内部的每个人都宣称认同这种愿景，但是变化微乎其微。尤其麻烦的是事业部的“首领”学会了如何以独立的方式成功运营，却不习惯彼此合作的理念。董事长在与这些事业部的“首领”合作的过程中不断遭遇阻力，挫败感与日俱增，于是邀请了我们中的一位和他一起推动变革。我们的责任是帮助他变革组织的文化，第一步是建立一个有效的高层管理团队。

完成了几次访谈、公司资料分析以及与董事长进行了几次深入会谈之后，我们一致认为需要开展深层次的变革。接下来我们中的一位与管理团队参加了为期两天的会议。有一点非常明显，团队成员聪明且拥有良好的意愿，想实现组织的目标。他们已经采取了一系列理性的措施，试图实施变革的过程。例如，他们调整了组织结构图，改变了汇报关系，制定了新的政策。但是，他们并不是以团队的形式开展行动的。

在会议结束后，我们一起讨论了团队建设的过程，并制定了一个计划，拟花两天半进行团队建设。我们决定从分析团队文化开始。之后我们将进行一系列的练习，分析、改变团队的实际行动。此外，我们还计划了后续的会议，以检查进展并在需要时重新调整。

人力资源部门的领导是一位经验丰富的变革推动者，在团队建设会议上提供了帮助。在第一天早上，团队成员心神不宁。我们从没有任何威胁的任务开始，使用 OCAI 对组织内部当前和期望的文化进行分析。该团队由 15 人组成，代表着条线和人员两种职能。在文化分析过程的开始，该团队被分为 3 ～ 5 人的小组。每个人各自完成分析后在小组内分享个人的结果。每个小组整理自己的结果后在整个团队内分享。图 5 - 7 展示了这些结果。

团队成员发现在文化轮廓图上描述组织是一项简单却要有洞察力的工作。他们的结果提供了我们需要的资料，以供讨论他们当前的位置以及需要到达的地方。如本章前面所述，在讨论之后，我们要求他们回到自己的小组并思考每个象限变化的意义。各小组围绕如下问题进行结构化讨论：强化、削弱或维持某个象限文化的样态认可什么以及不认可什么？使用图 5 - 4 中呈现的内容，它们产生了图 5 - 8 中的结果。

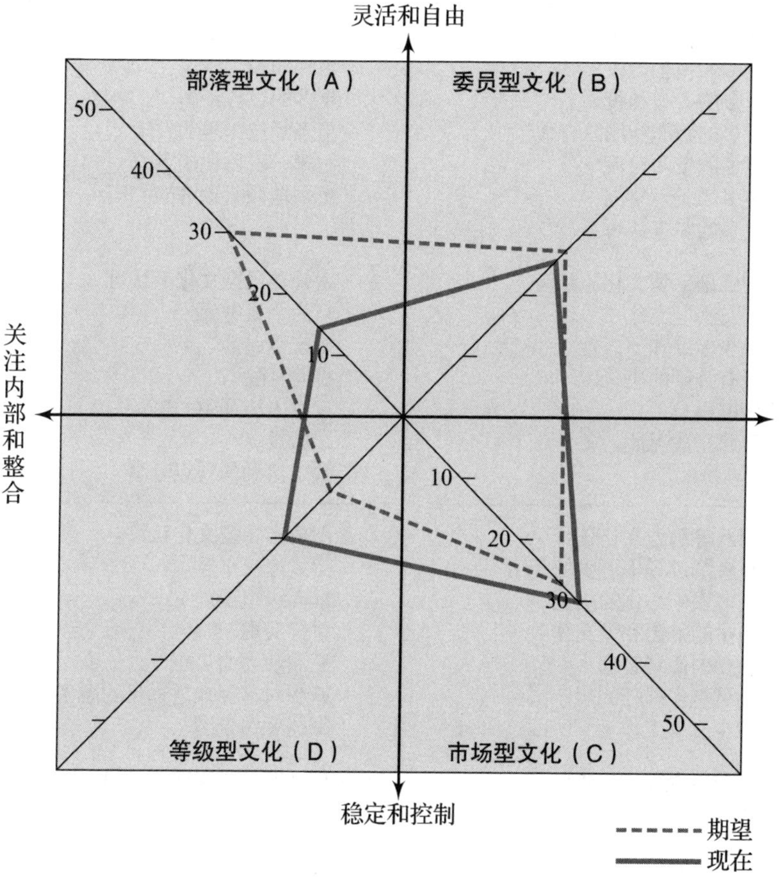

图 5-7　案例研究对象的组织文化轮廓图

团队成员对他们的清单表示满意，随之感觉到了舒适和信心。我们认为这个诊断过程与他们平时的认知过程是一致的，他们慢慢从感觉舒适的话题上转移开来。我们将从零开始，让他们关注自己的行为。

接下来他们玩了一个有名的模拟游戏，叫作“全力以赴”。每个人都需要拿出 20 美元，这笔钱有可能带来利息。这个游戏简单而直接，其潜在的（并不明显）假设是如果所有的团队在一起工作，每个人会获得相同的钱。最终银行破产，团队拥有了所有的钱。但是这个游戏

增强部落型文化认可 更多的员工授权 更多的参与和投入 更多的跨职能团队合作 更多的横向交流 更多的关爱氛围 更多的员工认可	**增强委员型文化认可** 更多的员工建议 更多的过程创新 更多经过深思的冒险 对第一次错误的容忍 更多地倾听顾客的心声
增强部落型文化不认可 “友善”文化 缺少标准和严谨性 没有强硬的决策 懒散懈怠 容忍平庸无能	**增强委员型文化不认可** 只为个人考虑 掩盖错误 鲁莽冒险 注意力离开中心事务 跟风投资 缺少协调和观点分享
削弱等级型文化认可 在决策过程中更少的签字 更多去中心化的决策 更少的障碍和繁文缛节 更少的微观管理 尝试更多疯狂的想法 减少文书工作	**削弱市场型文化认可** 持续追求卓越 世界级组织 目标实现 充满活力的员工 减少对目标缺乏远见的思考 减弱惩罚氛围
削弱等级型文化不认可 没有考核 人们不负责任 不遵循规则 没有绩效监控 缺少变革导向	**削弱市场型文化不认可** 缺少绩效压力 停止倾听顾客的心声 顾客满意度下降 工作没有截止日期 更低的质量标准 丧失竞争力

图 5－8　案例研究对象的“认可－不认可”分析①

要求团队协作，在实际执行中只会出现少量的合作。常见的情况是，每个团队都采取竞争的态势，最终输掉的钱超过了赢来的钱。

① 此处英文原文为“‘Means-Does not mean’Analysis for the Company in the Case History”，结合图 5－7 的标题“‘Means-Does not mean’Analysis for the Company in the Case Study”，疑“History”一词误用。——译者

参与者认为获取尽可能多的钱意味着自己的团队应该比其他团队拥有更多的钱。这个游戏规则可以促使这种行为的发生，但这经常会导致各个团队都有一定的立场，彼此的沟通具有欺诈性。一旦启动该项计划，就会出现一个团队主导其他团队的情况，但是银行将会积累大部分钱。在游戏开始的前一段时间，整个团队都会展示出这种行为。在游戏结束时，一个团队欺骗其他团队获得了大部分钱。

在该游戏中经常发生的情况是，获胜的团队在失败者面前挥舞着金钱开始庆祝。同时出现的现象是，其他团队变得非常严肃，开始表达道德上的义愤。获胜的团队非常震惊并受到了伤害。很快，获胜团队里有成员指出游戏是竞争性的，获胜非常重要。而愤愤不平的对手会回应："你可以坚持生活的原则，也可以毫无原则。"

该游戏导致了冲突，促使整个团队开始考虑关于信任与合作的难题，讨论令人沮丧。后来我们将参与人员带到外面去打排球，让他们从日常工作中完全摆脱出来。他们一般早上 7：00 到达公司，直到晚上 10：30 才会离开。他们对自己的精力变化、活力水平和精力衰竭状况关注得很少。

第二天早上，我们询问团队成员对模拟游戏的看法。大部分评论集中在"信任一旦遭到破坏，就很难重建"的前提之上。我们询问团队成员全力以赴获得成功对个人的意义是什么，得到了见解各异的答案。我们通过重复提问暗示出对答案的不满。该团队逐渐意识到如果他们能彼此坦诚地合作，整个团队可以获得所有的钱，而银行会破产。

这是事实，然而他们还是错过了一个关键的要点。

我们问他们除了金钱之外还有什么。在沉默良久之后，一个人说道："信任。"我们让该参与者进行解释。他答道："我们会拥有金钱，但是我们还会拥有极大的自豪感。彼此之间高度信任，将使我们具备达到前所未有绩效水平的能力。我认为信任是比金钱更具价值的财务资源。信任是工具，利润是目的。在争取得到金蛋的时候，我们往往杀鸡取卵。"

他的见解非常重要。人们认为从未以该角度对组织进行思考。这引发了大量超乎寻常的关于合作和团队协作的讨论。他们开始看到信任的价值。

作为后续步骤，我们要求参与者列出他们参与合作活动并取得高绩效的次数。他们与所在的小群体分享了各自的清单，并识别了高绩效团队的特征。之后，各个小群体的清单在合并后被放在了活动挂图上。

需要说明的是，到目前为止我们所有的活动包括 OCAI 工作在内都只是热身。现在团队即将开始应对实质性的挑战。我们认为一些人可能无法胜任。我们解释道，他们的特征清单描述的是一个高绩效团队并且代表了他们想要成为的样子。如果他们真的想变成一支高绩效团队，他们每个人都需要做出深刻的改变。

我们给团体的每位成员 14 张 5×7 英寸的卡片，然后给他们解释了一个众所周知的干预措施。在每张卡片正面，每个团体成员需要写上房间里其他 14 个人的姓名。在名字的下方，写上对其最为欣赏的特征以及最为钦佩的地方："这是我最钦佩你之处。"在卡片的反面，他们需要回答如下问题："如果我们确实想改变当前的状况成为一支高绩效团队，我需要从你那里得到什么当前还未拥有的东西？"（即如果我们想要变成高绩效团队，这个人必须如何改变个人行为？）该项活动意味着团队的每个人都将收到 14 张写有对个人赏识之处和变革期望的卡片。

他们有 90 分钟的时间完成该项练习。写完的卡片将按照名字发给每个人。每个人用 45 分钟阅读和分析卡片，然后就个人学到的东西以及准备为变革做出的承诺予以回应。

我们要求董事长第一个开始以便为整个团队提供角色榜样。如果他逃避面对变革的痛苦，就会纵容其他人也这样做。他站起来对其卡片的主题进行了回顾。他指出了团队对其提出的要求并做出了一些艰难的承诺，包括绩效评估和后续工作。他的表现十分精彩。之后其他所有人一个接一个做出了自己的回应。这是一个沉重、令人深思的过程。一些人几近落泪。

在会议结束的时候，参与者已疲惫不堪，所以我们让他们在户外再次玩了排球。结果发生了一件出乎意料的事情：作为一个团队，他们的技能水平比前一天大幅提升，高出几个层级。第二天早上，我们指出这个现象并询问每个人他们的排球水平为什么得到了提升。经过一番思考之后，他们表明是因为彼此之间的信任水平得到了大幅提升。他们感受到了更多的合作，对自己和团队成员更有信心，正是这些因素提升了他们的绩效水平。

我们对个人做出改变的需要进行了反思，随之开展了一项讲故事的练习。所有的团队成员找出三个他们看到的组织变化，并对此做详细的描述。团队成员依次讲述一个故事，我们三次走近团队，这个过程不仅富有深刻见解而且令人兴奋。通过他们自己的经历，团队成员开始充分理解个人行为变化的需要。接下来开展了一次讨论，突出强调学到的经验，揭示行动的原则，以及对个人行为变化的深刻理解。参与者提出了个人在组织中做出榜样的建议，并承诺通过记录之后一年的个人行为承担起应尽职责。

在会议的最后，我们回到规划文化变革的初始工作上。团队按照OCAI的步骤制定行动计划。他们找出需要改变的具体结构、流程和行为，将计划很快汇总到一起，计划体现出惊人的一致性。

两周之后，一位参与者反思："在我整个职业生涯中，从未有过如此有力量的启发经历。我们几个人乘公司飞机从华盛顿返程，你会发现我们变得不一样了，我们关系的变化是显而易见的。"

我们与该组织最初召开的几次会议是为了开展团队建设，启动文化变革。这些过程在我们后续的会议中也在持续进行。参与者经常使用他们的OCAI当前和期望文化地图作为参考。他们已经意识到持续进行该过程的必要性，而不是仅仅停留在形成OCAI轮廓图和战略上。他们想要不断前进，并且已经做好准备来面对深层次的问题，但他们不知道如何做。与其他的团队一样，该团队也存在问题，该问题被克里斯·阿基里斯（Chris Argyris，1993）称为"不可讨论的事宜"：对团队重要但由于深具威胁性而不能讨论的事宜。该团队将其不可讨论的事宜称为“圣牛”[①]。团队成员认为大量的圣牛形成了阻碍，而他们确实想面对这些事宜。

在第一次跟踪会议中，我们要求参与者对这些不可讨论的事宜进行反思。他们分析了什么样的事宜是不可讨论的以及相应的后果是什么。下面的四个问题和答案是对他们的讨论进行的汇总。

1. 为什么会存在不可讨论的事宜？有时不可讨论的事宜有其历史原因。当该事宜最早浮出水面时，脾气火爆者或许火冒三丈并进行个人攻击。该团队可能觉得无法有效应对这些事宜，因此避而不谈。有时这件事永远不会再次出现。一位或几位团队成员可能传递出一条隐晦的信息：“这是一件绝对不能提的事情。如果提到，我将会受到深深的伤害或者怒不可遏。”

有时一件事来自公司外部，被视为威胁。对之进行评估被认为令人痛苦。大家认为绝对有必要拒谈这件事。团队默默地达成了一致意见，永远不思考这件事。任何一位敢于提出这件事的人必然会被排斥在团队之外。当这些状况发生时，人们就会为他们的行动做出合理解释，以避免面对和解决这些事宜。他们认为提出这个问题要比与这个问题共存更加痛苦。他们会不屑于此，认为没有任何成功的解决方案。

2. 不可讨论事宜产生的成本是什么？当出现不可讨论的事宜时，人们会将他们的反应划分为合理、不合理两类。基本的诚实和坦率会被牺牲。认知和情绪不再一致，沟通不畅。交流充满理性，几乎不涉

---

① 统治印度的英国人用“圣牛”一词来比喻不可批评、侵犯的人或物，有嘲讽之义。——译者

及情感。人们没有任何热情。人与人交谈但言语空洞，彼此交流的信息价值也大打折扣。过程变得不再有效率。大家投入时间交换了信息，却没有形成凝聚力，也没有增加价值。信任度下降了，交易成本上升了。只有最简单、一致性高的决策得到了制定。创新几乎没有可能。人们也会离开。

群体分裂成各个朋党，幕后的政治行动加剧。信任和尊重开始消失。人们被分为各类群体，他们的行为也会贴上负面意义的标签。感知变成了自我实现的预言。恶性循环开始形成。人们描述正在发生的事情时困难重重，感觉到无力和无助。群体逐渐进入一个充满威胁的情形，每个人都拥有很少的选择，只能拒绝所有可能将他们带入危机的行为。

在全力以赴成功应对外部挑战时，团队会产生最大的能量。人们对内外部事实是否有一致的认识，决定着成功可能性的高低，如果团队里有重大不可讨论的事宜，成功的概率就会大大降低。

3. 我们为什么不面对不可讨论的事宜？讨论威胁着团队的信任和凝聚力。人们担心如果他们深入探究可能会产生严重冲突的事宜，那么整个团队将不能有效地运行。从个体层面而言，潜在的讨论会被当作对自尊、可信度和工作安全的威胁。对这样的讨论产生的预期会激发害怕、焦虑、压力、紧张、尴尬和痛苦的感受。人们避免提起不可讨论的事宜是因为它们会给个人和组织都带来痛苦。

4. 一个团队应该采取什么措施解决不可讨论的事宜？依赖于团队内部的信任基础——文化变革前几个步骤的产物——团队成员说出对

那些可能是不可讨论事宜的感知。列出一份清单，并使用清晰的语言对每件事进行描述以确保措辞精确。

有时讨论不可讨论的事宜最重要的是清晰地了解该事宜是什么。对这一事宜清晰准确的界定是关键的第一步。一旦事宜得到了定义和表述，就可以确定哪些团队成员需要参与到哪件事宜的讨论中。并不是每件事都需要得到整个团队的关注。为了构建能力、建立信任，我们首先要把最简单的事处理好。

在对不可讨论的事宜进行开诚布公的讨论之前，我们需要再次阐述和强调团队及其使命的重要性。这是因为不可讨论的事宜可能会带来变化、损失和痛苦的威胁，而人们只有在相信团队的目的和使命时才会愿意为了团队的利益承担个人损失。只有身处一个更加重要和成功的团队，他们才会愿意承担损失。一旦开始对一件事进行讨论，整个团队需要坚持直到找出解决策略或者解决了该事宜，这一点非常重要。团队一定要做到在坚定地解决事宜的同时关心成员个体。团队成员一定要认识到在诚实、坦率、挑战性对话与支持性沟通和表达出对个人关怀之间进行平衡的必要性。对这种平衡的预测建立在对团队成员和权威中心人物的敏感、公平和正直十分信任的基础之上。因为团队成员在讨论中可能会遭受某种损失或者个人威胁，因此帮助人们感受到自己获得支持、受到公平对待、被倾听和理解是十分重要的。个人和团队的秘密和正直的品质需要得到小心的呵护。

这些观察为我们指明了前进的方向，而让团队踏上变革之路是另外一回事。经斟酌，我们整理了一份不可讨论事宜的清单。我们确定了清单上十件需要优先解决的事宜并开始逐一解决。我们召开了几次会议，开展了讨论。尽管有很多充满紧张和不适的时刻，整个团队仍在向前。

目前这个团队仍不完美，但是它在诸多重要的方面正持续优化。它与之前相比已大不相同。在第一次的会议中可能没人能够想象团队当前的有效性和能力水平。为了达到较高的绩效水平，团队成员需要做出一些艰难的决策。最初他们对文化变革和高绩效团队做出了个人承诺。一路走来，他们付出了很高的代价：他们发现要在集体层面实施深层次的变革需要在个人层面进行深层次的改变。而为了能够使个人做出改变，他们需要在一开始就获得安全感，并且在面对更具风险的问题之前取得一些小成功。这正是 OCAI 让我们在干预的初始阶段获得的成果。

06

第六章

个人变化是文化变革的关键

正如在第五章中所阐述的，组织成员的个人行为没有变化，整个组织的文化变革必然受挫。文化的变革归根到底要基于组织的个体行为，强化新的组织价值观，并与这些文化价值观保持一致。我们可以识别出想要的文化并明确产生变革的策略和活动，除非变革过程变成个人的事情，个人愿意采取新的行为，组织内部展示出的管理能力得到调整，否则组织根本性的文化是不可能改变的。本章对对立价值观模型的介绍将延伸到促使管理行为——管理者的管理技能和能力——发生改变进而强化文化变革的过程。

在过去的十年中，促进文化变革的个人变化过程已经在全球范围内得到运用。其基础是本书附录 B 中提供的管理技能评估量表（Management Skills Assessment Instrument，MSAI）。MSAI 的第二个版本也已得到开发并开展了广泛试验（称为 MSAI-e）。该版本是面向中高层或者高级职位的。MSAI-e 和最初的 MSAI 提供的是相同的反馈和数据比较信息，我们在此将只讨论 MSAI。（通过 kim_cameron@umich.edu 联系我们可以获得两个工具）。

本章描述的 MSAI 和优化过程是密歇根大学“管理者的管理”（Management of Manager’s Program）项目的基础，而管理者项目被《商业周刊》（*Business Week*）列为美国五大最佳管理者教育项目。密歇根大学罗斯商学院即将入学的 MBA 学生也需要完成该项目。欧洲、非洲、亚洲和南美洲的《财富》500 强公司也采用了该量表和方法论。许多政府、军队、医疗保健和教育组织运用这一过程以促进文化变革和管理者的领导力提升。MSAI 的两个版本都拥有知识产权，如果大范围使用需要支付许可费。附录 B 介绍了最适合中层管理者的 MSAI，以帮助有志于开展彻底的变革的个人采取尽量全面的方式。针对对 MSAI 的效度和信度感兴趣的读者，我们在附录 B 中对该工具的心理测量特性做了简要解释。

在接下来的部分，我们首先识别出对于管理绩效非常关键的个人管理技能和能力，然后展示它们是怎样与对立价值观模型保持一致的。之后，我们会介绍 MSAI 并识别出创建管理技能轮廓图的方法论。因为与组织文化轮廓图的框架基础相同，所以该轮廓图可以用来识别为增强文化变革效果，管理者应该提升的技能和能力。最后，我们会描述个人改进计划的设计过程，以帮助管理者实现个人期待的变化。

关键的管理技能

在很长的一段时间里，高速增长、触手可及的资源、看似无限量且易于满足的顾客是大多数商业组织面临的典型环境。在这样的条件——20 世纪六七十年代的典型特征之下——缺乏经验、散漫拖沓甚至是无效的管理者都可能会被掩盖。组织的成功弥补了管理者的能力不足和准备不充分。管理失误——浪费、冗余和无效率——被收入和销售的持续增长所掩盖。

但是组织所处的现代环境不再仁慈，现在仅仅维持平稳也需要敏锐的管理领导力。在资源贫乏、竞争激烈和动荡不安的环境下，管理失误和管理无能不仅显而易见，而且会导致严重的后果。从未有什么时刻像现在这样，有效的管理领导力对于组织成功如此关键。

什么是有效的管理领导力？如果想要有效地实施文化变革，我们应该采取哪种行为？我们需要聚焦于哪些具体的技能改进？管理者的能力如何改进才能推动组织文化变革？

一些管理学者开展的广泛研究，包括我们自己的研究，均识别了世界范围内最有成效的管理者以及最有成效的组织应该具备的领导力技能特征。威登和卡梅隆（Whetten & Cameron，2010）对其中的15项研究进行了总结，从有关管理者和领导者的各种研究中整理出关键技能的清单。例如在一项研究中，威登和卡梅隆访谈了400多位被高层管理者认为是组织内最有成效的管理者。这些高效的管理者被要求找出他们自认为对个人成功至关重要的技能。

访谈中问及如下问题：你们组织中哪些人是失败的，哪些人是成功的？为什么？如果你选择一个人替代你的位置，你要确保那个人具备哪些技能？你最钦佩的管理者展示出了哪些技能？想要获得晋升，你们公司的管理者必须具备哪些关键能力？

这些访谈形成了一份包括约40项关键技能的清单，列出了受访对象认为最有成效的组织中最有成效的管理者具备的典型特征。其他的各种研究也识别出了其他的能力（Whetten & Cameron，2010），意料之中的是，这些研究形成的清单中有大量重叠的内容。因此，确定有效管理者的通用管理领导力特征相对简单。

我们将这些研究中出现的技能和能力进行归集，整理出了主要适用于中层和高层管理者的能力类别。这些能力尤其适合中层或者经验比较丰富的管理者。对于首次担任主管的人而言，其相关性不大。

无论怎么看，这些类别都称不上全面，但是它们确实总结了有效的中层和高层管理者具备的尤为重要的众多典型管理领导力。也就是说，这些能力已经被诸多研究确认对管理有效性非常关键。这些类别在图 6－1 中列示。我们使用对立价值观模型对这些能力进行了整理，使得该模型的每个象限都有三种能力与之匹配。这 12 种能力代表了能力的集合——每种类别之下均汇总了多种技能——并且每个条目均可以通过 MSAI 测评出管理者在该项能力上展示出的有效性程度。

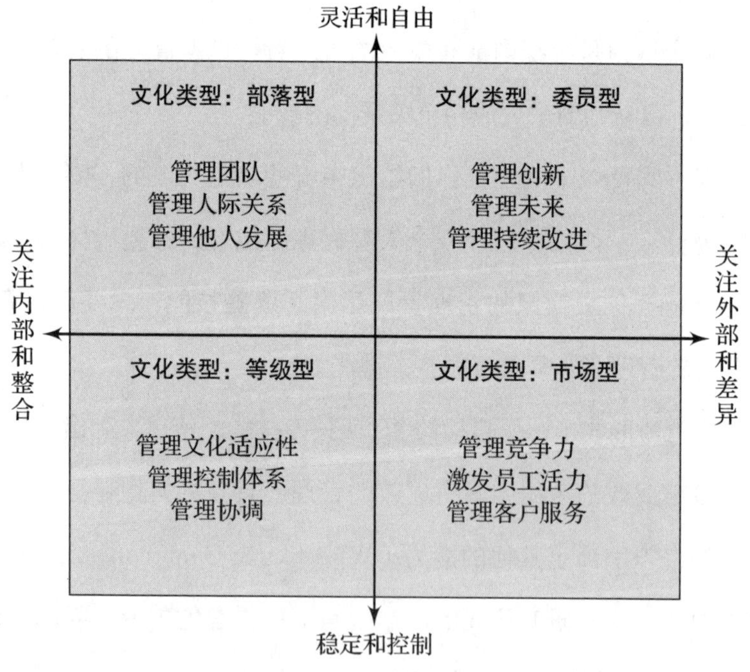

图 6－1　关键管理能力

12 种能力类别如下所示：

部落型技能

- 管理团队——促进有效的、充满凝聚力的、运行顺畅的高绩效团队
- 管理人际关系——促进有效的人际关系，包括支持性反馈、倾听和人际问题的解决
- 管理他人发展——帮助个人改进绩效，拓展能力，并获得个人发展机会

委员型技能

- 管理创新——鼓励个体进行创新，拓展工作方案，变得更具创造力并推动新想法的实施
- 管理未来——传递清晰的未来愿景并促进其实现
- 管理持续改进——促进人们在职场中建立持续改进、灵活和富有成果的变革的导向

市场型技能

- 管理竞争力——提升竞争力，建立积极进取、超越竞争者绩效的导向
- 激发员工活力——激励和鼓舞个人主动作为，投入额外的精力以及充满热情地开展工作
- 管理客户服务——建立服务客户、让客户参与进来并超越客户期望的导向

等级型技能

- 管理文化适应性——帮助个体清晰了解对他们的期望，组织的

文化和标准是什么，以及他们如何才能最好地适应工作环境

- 管理控制体系——保证程序、考核和监控体系到位，使得流程和绩效处于控制之下

- 管理协调——促进组织内部以及与外部单元和管理者的协调，跨边界分享信息

这些技能的评估工具（附录 B 中的 MSAI）是基于行为的，它测评的是管理行为和行动。它并不测评管理者的风格或态度。即使不是不可能，我们也确实很难改变管理风格。支持文化重要变革的是管理者和组织成员的行为。换言之，为了实现文化变革，管理者的行动必须做出改变（他们必须言必信、行必果）。

MSAI 能帮助管理者找出他们目前的管理优势和不足以及可能帮助组织朝着期望的文化前进的能力。附录 B 的结尾处中展示了 MSAI 各个条目如何与各个文化象限进行关联，以帮助读者对个人能力与文化的匹配性进行诊断。但是为了完成全部诊断，读者需要使用一个更加全面的过程。（支持性材料可以从密歇根州安娜堡市行为数据服务中心（Behavioral Data Services）获得或者联系 kim_cameron@umich.edu 获得。）

下面介绍其操作方式。

个人管理技能轮廓图

文化变革方案中涉及的管理者自行完成 MSAI 评估，然后每位

管理者将该评估工具表的其中一个版本——同事评估表（Associates Rating Form）——分别提供给一些下属、同级和上级（通常我们鼓励每个人选择四位下属、四位同级以及最少一位上级，即至少九位同事）。这些人对被测评管理者的行为与关键能力之间的一致程度做出评估。也就是说，关于其展示出关键管理领导力的程度，每位管理者可以通过自我评估以及下属、同级和上级的评估获得信息。这就是大家通常所说的 360 度评估。

反馈报告准备好后提供给每位管理者，对管理者的个人评估及其同事给出的评估进行比较。该反馈报告同时还呈现了该管理者的同事给出的评分与其他约 100 000 名管理者的得分的比较。这些比较是以百分位排序的方式进行的，以便管理者看到他们与全球管理者在每种管理能力上的异同。示例 6-1 中提供了一个反馈报告总结的范例。

示例 6-1 管理信息总结（反馈报告）

量表	自我评分均值	他人评分	
		均值	排序（百分位）
部落型文化	4.27	3.28	14
管理团队	4.60	3.20	14
管理人际关系	4.00	3.55	24
管理他人发展	4.20	3.10	9
委员型文化	4.40	3.50	332
管理创新	4.20	3.65	29
管理未来	4.60	3.53	49
管理持续改进	4.40	3.43	22

量表	自我评分均值	他人评分	
		均值	排序（百分位）
市场型文化	4.13	3.66	49
管理竞争力	3.80	3.54	51
激发员工活力	4.00	3.88	65
管理客户服务	4.60	3.55	32
等级型文化	3.80	3.30	116
管理文化适应性	3.40	3.18	14
管理控制体系	4.00	3.48	26
管理协调	4.00	3.28	13

注：自我评分和他人评分是基于1（低）到5（高）的量表得到的，见示例6-2。

示例6-1中的数据总结了一位管理者在各类管理能力上的得分。左边列出了MSAI的12种管理能力。每种管理能力的得分是调查问卷中与各种技能相关的5个问题的平均得分。例如，“管理团队”类别的分数是MSAI中评估有效管理团队能力的5个题项的平均分值。该文化象限的得分是这个特定象限的15个题项的平均分值。

管理者的自我评分和他人评分采用了1（低）到5（高）的量表。因此，分值越高，被评估对象能力越强或者说有效性越高。例如，示例6-1中的管理者在部落型文化象限的技能上给自己评分4.27分，委员型文化象限的技能分数是4.40分，而市场型和等级型文化象限的技能分数分别是4.13分和3.80分。他的自我评分表明他认为自己最强的管理能力与委员型文化相关。

他给自己的第二高分涉及部落型文化。他的最高自评分是委员型文化象限中的三种能力（管理创新 4.2 分、管理未来 4.6 分、管理持续改进 4.4 分）以及部落型文化象限中的三种能力（管理团队 4.6 分、管理人际关系 4.0 分、管理他人发展 4.2 分）。

从该管理者下属、同级和上级的评分——汇总、求均值并在“他人评分”一栏下呈现——我们可以看到该管理者的同事认为他在市场型文化方面的能力最强，在部落型文化方面的能力最弱。管理者的自我认知和同事对他的认知之间有明显的差异。相对而言，同事认为该管理者在其自认为非常有效的文化类型中恰恰表现最差。这些差距可能是该管理者自我改进的内容。

显而易见的是，在所有的能力类别中，管理者的自我评分均高于同事的评分。这在 MSAI 的评分中十分常见。大多数管理者对自己的评分都高于同事给他的评分。关于这种不匹配的现象，我们稍后将进行更详细的论述。此处，我们仅说明这些评分可以帮助管理者全面认识个人管理的优势和不足。也就是说，管理者可以了解与他一起工作的人对其管理优势和不足的看法与个人观点的一致程度。

示例 6-1 中的最后一栏对该管理者的同事评分与世界范围内的管理者得分进行了比较。例如，“管理团队”的 3.2 分处于第 14 百分位。这意味着 14% 的管理者的得分低于 3.2 分，86% 的管理者的得分高于该值。尽管该管理者认为这个方面是其优势能力之一（给自己的评分是 4.6 分），但同事给他的评分相较于世界范围内的管理者而言非常低。这意味着它是管理者自我改进的内容之一。

许多管理者对待百分位一栏的结果就像对待在学校取得的最终成

绩或者是整体的绩效评价一样。他们认为这是对其有效性或者作为一名管理人员是否优秀的一种评价。但是这种看待百分位数据的方法并不恰当。百分位一栏的绝对数值会受到一些同事的偏见的影响，他们可能对于所有题项都避免给出 1 分或者 5 分的评价，也可能只用 1 分或者 5 分来对所有题项做出评价。它还可能受到其他一些偏见的影响，例如，在某个组织中评分普遍较高（如每个人在年度绩效评估中获得的评分均是 4 分或 5 分），或者评分普遍较低（大家很难获得 4 分或 5 分），或者有同事对所有人给出极高或者极低的评分。

换言之，在评分过程中会出现一些反应性偏见，影响百分位数值的绝对性。88 百分位的排序或许意味着某位管理者确实比世界范围内 88% 的其他管理者更加有效，但也可能并非如此。百分位排序的绝对值在一定程度上会受到特定受访对象选择带来的偏见影响。因此理解这些数据的最佳方式是观察与普遍趋势之间的偏差——在百分位排序中特别高或者特别低——以确定需要改进之处。管理者使用反馈报告中数据的最为合理的方式是找出需要改进的能力或者可以促进期望文化转变的能力。

提升管理者技能的一个重要原因是不仅要改进管理者的能力，还要改进有助于领导或者支持文化变革的能力。例如，如果未来期望的文化变革需要管理者有很强的部落型技能，那么不管同事如何评价当前的绩效，未来均需要在部落型文化象限中加以提升。

图 6-2 中展示了该管理者的管理技能轮廓。反馈报告中的分数绘制在对立价值观模型中。由此可以看出管理者的自我评分与他人评分之间差异最大以及能力最强与最弱（分数最高与最低）的方面，以及管

理者技能与组织文化轮廓的匹配程度。管理者可以使用这个轮廓图帮助确认个人管理需改进之处，以及文化变革工作需要的目标能力。

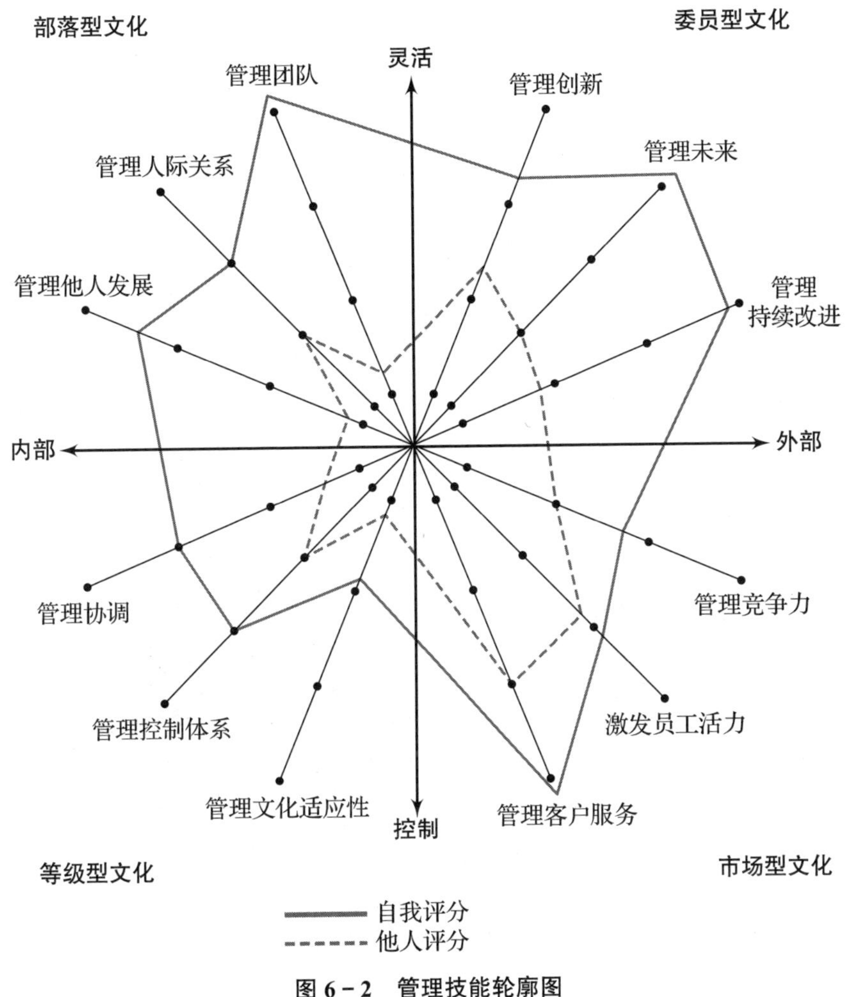

图 6-2　管理技能轮廓图

除了展示每种能力平均分数的数据，管理者还可以获得更为翔实的反馈报告。这些报告针对 MSAI 的每个题项提供了反馈。该报告将同事分成各个独立的子群体——下属、同级和上级。示例 6-2 显示了该管理者的部落型文化象限反馈报告，而图 6－3 展示了落入该象限各题项的管理技能轮廓。图 6－3 中部落型文化象限的轮廓对该象限每一个编号的题项中管理者的自我评分与同事评分的汇总情况进行了比较。

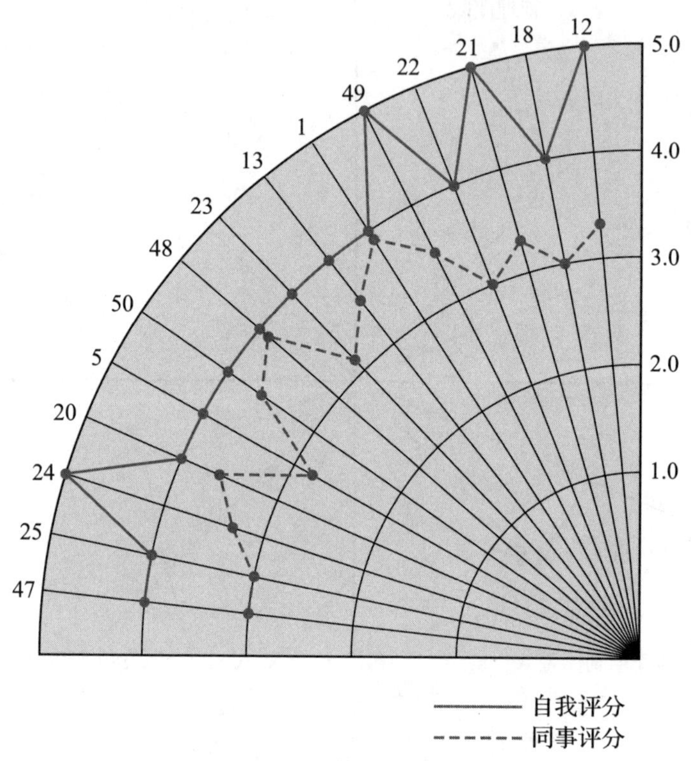

图 6－3　部落型文化管理技能轮廓图

在示例 6－2 的反馈报告中，MSAI 的每个题项都列在了左侧。最左边的一栏数字是管理者在每一个题项上的自我评分。“所有他人评分”下面的三栏分别展示了（1）所有同事对每个题项评分汇总的平均值；（2）每个题项获得的最高评分与最低评分（命名为“值域”）；（3）每个题项得分与其他管理者进行比较的百分位排序。

示例 6－2 部落型文化象限各题项反馈

问题	自我评分	所有他人评分			下属		同级		上级	
	平均值	平均值	值域	百分位	平均值	值域	平均值	值域	平均值	值域
部落型文化	4.3	3.3	2.4～4.0	14	3.0	2.4～3.5	3.6	3.5～3.7	4.0	4.0～4.0
管理团队	4.6	3.2	2.0～4.0	14	2.9	2.0～3.4	3.5	3.4～3.6	4.0	4.0～4.0
12. 我组建了一支充满凝聚力、尽心尽责的团队。	5.0	3.3	2.0～4.0	26	3.0	2.0～4.0	3.4	3.0～4.0	4.0	4.0～4.0
18. 我促进了团队内部信息的有效分享以及问题的有效解决。	4.0	3.0	2.0～4.0	9	2.6	2.0～3.0	3.5	3.0～4.0	4.0	4.0～4.0
21. 我塑造了在决策过程中鼓励参与的氛围。	5.0	3.3	2.0～4.0	17	3.0	2.0～4.0	3.5	3.0～4.0	4.0	4.0～4.0
22. 在我领导的团队中，我确保任务完成和人际关系均得到了足够的重视。	4.0	3.1	2.0～4.0	15	2.8	2.0～3.0	3.5	3.0～4.0	4.0	4.0～4.0
49. 当我领导一支团队时，我能确保团队成员彼此合作，对冲突采取积极的解决方案。	5.0	3.4	2.0～4.0	20	3.2	2.0～4.0	3.5	3.0～4.0	4.0	4.0～4.0
管理人际关系	4.0	3.6	2.4～4.2		24	3.3	2.4～4.0①	3.9	3.8～4.0	4.2
1. 当所在单元的人和我分享他们的问题时，我会采用支持性的方式进行沟通。	4.0	3.8	2.0～4.0	20	3.6	2.0～4.0	4.0	4.0～4.0	4.0	4.0～4.0
13. 我定期为下属提供对他们目前的工作情况的评价。	4.0	3.4	2.0～5.0	31	2.8	2.0～4.0	4.0	4.0～4.0	5.0	5.0～5.0

① 疑此处“2.4 ～ 4.0”与同一行左边一列“3.3”位置颠倒，此处保留了原文。——译者

问题	自我评分	所有他人评分			下属		同级		上级	
	平均值	平均值	值域	百分位	平均值	值域	平均值	值域	平均值	值域
23. 在给他人提供负面反馈时，我会激励他们自我改进，而非抵制或生气。	4.0	3.1	2.0～4.0	16	2.6	2.0～4.0	4.0	4.0～4.0	4.0	0.0～4.0
48. 在别人提出想法时，我会以开放的心态认真倾听，即使我并不赞同。	4.0	3.9	3.0～5.0	42	4.0	3.0～5.0	3.5	3.0～4.0	4.0	4.0～4.0
50. 我对带着问题和顾虑找我的人所持的观点和理念表示理解，增进信任和坦诚。	4.0	3.6	2.0～5.0	28	3.4	2.0～5.0	4.0	4.0～4.0	4.0	4.0～4.0
管理他人发展	4.2	3.1	2.0～3.8	9	2.9	2.0～3.8	3.3	3.2～3.4	3.8	3.8～3.8
5. 我定期为下属提供指导以改进他们的管理技能，从而帮助他们实现更高的绩效水平。	4.0	2.8	3.0～4.0	8	2.6	2.0～4.0	3.0	3.0～3.0	3.0	3.0～3.0
20. 我确保能为所在单元的其他人提供个人成长和发展的机会。	4.0	3.5	2.0～4.0	25	3.2	2.4～4.0	4.0	4.0～4.0	4.0	4.0～4.0
24. 我为他人分配任务和职责，从而为个人成长和发展提供机会。	5.0	3.3	2.0～4.0	7	2.8	2.0～4.0	4.0	4.0～4.0	4.0	4.0～4.0
25. 我积极为他人在组织内部的晋升准备提供帮助。	4.0	3.0	2.0～4.0	12	3.0	2.0～4.0	2.5	2.0～3.0	4.0	4.0～4.0
47. 我塑造了同级和下属可以相互学习、互帮互助、共同发展的工作氛围。	4.0	3.0	2.0～4.0	12	2.9	2.0～3.0	3.0	3.0～3.0	4.0	4.0～4.0

注：分数基于如下量表：5= 强烈同意，4= 适度同意，3= 少许同意或者不同意，2= 适度不同意，1= 强烈不同意

鉴于每个题项的标准差大约是 0.5，管理者可以确定自己的分数与同事的分数之间差异的显著程度。如果差异大于 1，在统计上通常代表显著。

后面的一栏将管理者的同事分为各个子群体。“下属”之下的两栏数据单独显示了下属的平均值和值域，“同级”之下的两栏数据显示了管理者同级评分的平均值和值域，“上级”之下的两栏数据则显示了管理者的上级评分的平均值和值域（在这个轮廓图中，只有一位上级参与）。可以清晰地看出，尽管该管理者认为他在部落型文化象限中表现相当突出（大部分评分都是 4 分或者 5 分），下属的评分却明显较低（平均值分布在 2.6 ～ 4.0 分之间）。同级的评分介于上级和下属的评分之间。

为管理者提供该反馈的价值在于，如果管理能力方面实施变革，可发现需要解决的具体行为。MSAI 的每个题项均是基于前面提及的多项研究中经验证的有效管理行为。通过识别需要改进的管理能力，该管理者可以提升个人的有效性。重要的是，他可以将个人的优化工作与所需的文化变革相匹配。

图 6－3 中描绘的部落型文化轮廓图有助于澄清其中的差异，展现该管理者相对的优势和不足。对数据形象化的呈现方式几乎总能对我们的正确理解和认识提供帮助。该轮廓图清楚地表明，这位管理者尤其需要在第 5，18，21，22，23，25 和 47 个题项上加以改进。也就是说，同事评分在这些特定的管理者行为上分数最低、差距最大。改进这些方面的技能可以帮助管理者提升整体有效性。但是，除了这个一般的改进动机，我们还需要识别出有助于提高文化变革成效的能力。接下来将描述这一步。

个人改进计划

如前所述，360 度评估有两个重要的目的：帮助管理者改进领导力以及识别支撑组织文化变革过程最需要的管理能力。为了帮助管理者找出对形成未来文化最有益的管理能力，我们可以将期望的组织文化轮廓图（见图 2－2）与当前的个人管理技能轮廓图进行比较。例如，本章实例中的管理者是一家著名欧洲公司高层管理团队中的一员。图 6－4 显示了该团队“现在”与“期望”的文化轮廓图。该团队对所呈现的文化轮廓图形成了一致意见。正如我们看到的，组织当前的文化中委员型文化和市场型文化占据主导地位，然而期望的文化需要向等级型文化和部落型文化转变。这支管理团队理性地认识到更多的管控以及对有效流程的更多关注对于其在全球市场上获取竞争力是必不可少的。将组织体系置于控制之下，强调效率，通过增强参与、授权和工作人员的凝聚力实现成本控制，这些因素促使团队认为组织文化需要进行变革。

该实例中管理者的挑战是形成一项个人改进计划，以提升未来文化所需要的技能。为了帮助他实现目标，我们需要对图 6－2 所示的管理技能轮廓图与图 6－4 所示的团队期望的文化轮廓图进行比较。重要的是该管理者不能放弃他当前的优势和管理能力。当然，他还需要增强目前不够重视或者忽视的一些能力。

其个人最强的能力与未来文化所需之间的差距是显而易见的。该管理者的同事对他评分最低的为等级型文化和部落型文化方面的能力，

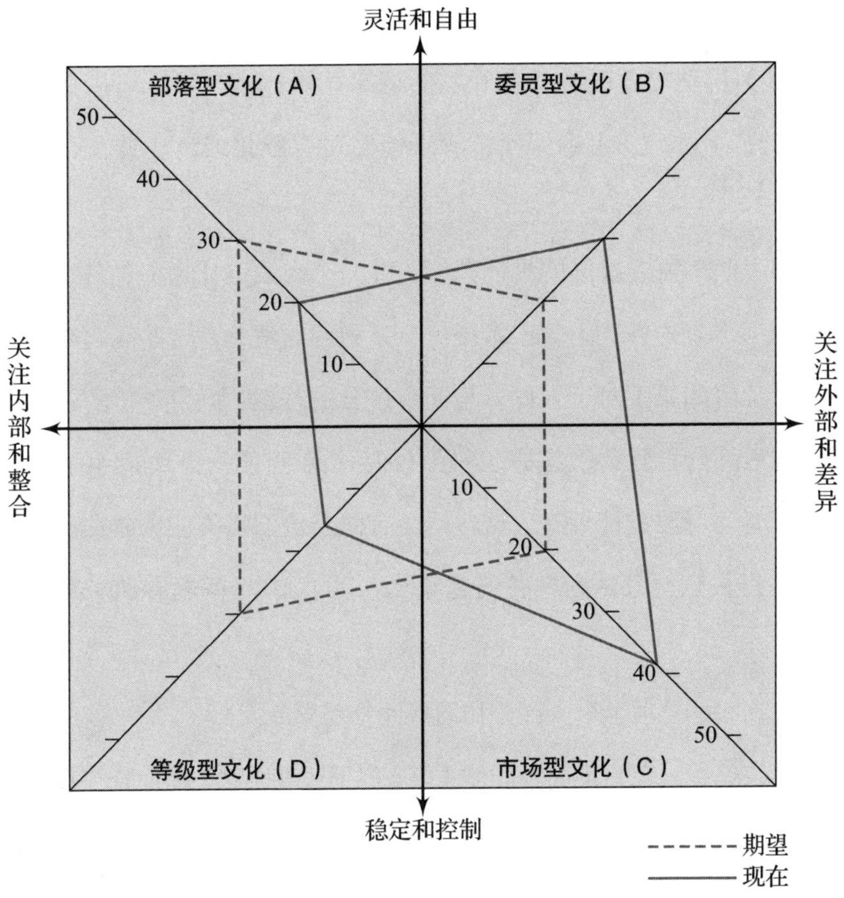

图 6-4　欧洲公司的组织文化轮廓图

但这些正是组织未来所需要的。文化的转变将使得该管理者的能力与组织需要之间的相关性下降，他未来对于组织的价值也会降低，因此他需要提升可以支持等级型文化和部落型文化的能力。这意味着该管理者必须开发一些新技能。

挑战在于如何改进过去不够重视或者知之甚少的方面。如何增强他目前尚未得到开发的技能？这就是使用 MSAI 进行 360 度反馈的主要目的之一。改进个人管理能力，可以按照如下步骤系统推进：（1）识别需要改进或者开发的特定技能；（2）设计可以量化进展的改进计划；（3）确保新的管理能力可以强化或者支持文化变革过程。

为了明确需要改进的具体技能，并为个人改进计划提供帮助，我们要以工作表的方式为管理者提供一系列问题清单。这些问题有助于突出管理者如果不对个人评分与同事评分的差距、同事评价的范围以及个人最高分和最低分之间的差距仔细分析就可能不会意识到的能力。当管理者思考改进计划时，这些问题有助于他们将关注点放在反馈报告中最出人意料且最为相关的题项上。以下 12 个问题有助于指导该过程。

1. 在哪些题项上个人评分和同事评分差异最大？

2. 在哪些题项上不同子群体（下属、同级和上级）的评分存在巨大差异？

3. 在哪些题项上同事之间的评分差异巨大，意味着同事的感知缺乏一致性？

4. 基于个人在各题项上的评分，其哪些能力尤为突出？

5. 评估意味着哪些能力需要得到最大的提升？

6. 基于所在组织“现在”与“期望”的组织文化轮廓图，哪些能力和哪种文化需要得到最高程度的重视？

7. 在回顾完反馈后，我们最想改进的管理能力具体是什么？

8. 在本书附录 D 提供的清单中，哪些具体的建议可以帮助我们提升已经识别出的能力？

9. 除了上述建议，我们还可以采取哪些具体措施帮助自己提升能力？

10. 这些行动什么时候开始，什么时候结束？

11. 哪些人需要参与其中帮助我们成功实施行动计划，此外还需要什么其他资源？

12. 我们如何知道自己已经取得成功？成功的判定标准是什么？

为了帮助管理者识别明确的行动以改进特定的能力，附录 D 提供了建议清单。建议清单来自过去几年管理者提出的建议，这些举措帮助他们个人改进了在某种文化类型方面的能力。对于很多管理者来说，这并不是一份全面的建议清单，也不是一份规范的清单。但是对于大多数参与过个人改进以及组织文化变革工作的管理者而言，其中一些建议至少经证明是有效的。它们更大的用处可能在于启发更多的想法而非解决措施。

为确保个人改进计划中识别的管理能力与组织文化的未来需要相匹配，我们鼓励管理者将其计划与管理团队成员分享。在这样的会议中需要讨论三个议题：

1. 如果个人在这些能力方面取得了显著的进步——如果我完成了个人改进计划——有助于我们的组织文化朝着期望的方向发展吗？

2. 管理团队的成员支持我个人的变革工作吗？能帮助我对改进负起责任吗？

3. 除了自己的行动计划之外，我还可以从其他人那里获得什么变革和改进建议？

这些问题旨在帮助管理者找到一个支持性群体，可以朝着期望的行为和文化变革进步。再次强调，管理者的个人行为没有变化，文化变革就不可能发生。分享与关键管理能力相关的个人改进计划有助于形成促进行为变革的社会支持网络。

说明

MSAI-e 评估了各对立价值观象限中的几种领导能力。每种能力包括三个题项。该版本的评估量表中包括的能力如下：

等级型文化领导能力

- 通过理性分析进行领导（促进数据驱动、理性决策制定和问题分析）
- 通过澄清信息进行领导（澄清政策和程序，确保员工知道期望和目标）
- 通过高度的可靠性进行领导（减少过失和浪费，在工作细节方面保证精确和精准）
- 领导流程（有助于流程顺畅并确保质量、服务和成本的一致性）
- 通过考核进行领导（确保考核体系可以持续一致地监控流程和结果，并形成定期报告）

市场型文化领导能力

- 竞争力制胜（建立充满雄心的目标，强化竞争意识，确保超越竞争者获得成功）

- 客户关系制胜（维持与客户的频繁联系，确保他们的需求得到满足）
- 速度制胜（提升绩效，迅速解决问题）
- 强度制胜（坚持勤奋工作，追求世界一流的绩效）
- 以结果为导向进行领导（激励他人实现高绩效，提供指导保证卓越的执行）

部落型文化领导能力

- 通过团队合作进行领导（促进建立有效、充满凝聚力的高绩效团队）
- 对人际关系进行领导（促进信任、坦诚和开放式沟通以形成紧密的关系）
- 对人力资本开发进行领导（指导、提供真实的反馈并确保他人的成长和发展）
- 通过合作和社区进行领导（让人们参与，增强合作、协作和社区意识）
- 通过同情和爱护进行领导（展示同理心、敏锐性、同情，支持面临困难的员工）

委员型文化领导能力

- 通过创新和创业精神进行领导（支持他人的新想法，营造支持创造力和试验的氛围）
- 领导未来（为人们描绘看得见的未来，形成实现愿景的清晰战略）
- 通过改进和变革进行领导（营造适宜新方案和持续更新的氛围）

- 通过创造力进行领导（鼓励他人提出新的想法和创造性流程以及进行试错学习）
- 通过灵活性和敏捷性进行领导（帮助所在单元保持敏捷性、灵活性，根据变化和机会进行调整）

07

第七章

组织文化变革的简略方案

几乎所有的组织都拥有一种主导型组织文化。它们一般会强调委员型、部落型、等级型和市场型四种文化类型中的一种或者多种。在组织解决难题、应对变化的过程中，某种价值观、假设和优先事项逐步占据主导位置，随之形成了特定的文化类型。这些主导型文化帮助组织变得更加一致和稳定，同时在应对快速变化的环境时更具适应性和灵活性。

尽管这些文化类型随着时间流逝以可预测的方式演变，组织还是面对与其他形式的组织变革相伴而生的文化变革需求。没有文化变革，大多数变革方案如全面质量管理、规模缩减、再造工程和团队工作都无法实现预期目标。

前面六章对有效管理组织文化变革的过程和方法做了介绍，提供了量表工具，用以评估当前的组织文化和未来期望的组织文化，以及推进变革方案所需的管理能力。最后一章对该过程的关键步骤进行总结。这些步骤的清单见表 7-1，其目的在于提供一份检查清单或者进行一系列提醒，而非对该过程进行全面的描述。

诊断

1. 完成组织文化评估量表（OCAI）。评估所在组织目前的行事方式。选择评估组织的焦点，它是文化变革工作的对象。

表 7-1　文化变革步骤总结

诊断

1. 完成 OCAI 并绘制所在组织“现在”的文化轮廓图，就该轮廓图形成共识。
2. 完成 OCAI 并绘制所在组织“期望”的文化轮廓图，就该轮廓图形成共识。

理解

3. 识别出变革文化认可什么以及不认可什么。
4. 识别出能够代表未来期望文化特征的关键故事和事件。共同确定可以用来阐释未来文化的一两个故事。

实施

5. 识别有助于推动文化变革的一些关键策略，确定从哪里开始、在哪里停止或者哪里需要做更多。
6. 识别可以立即取得的一些关键的小成功。
7. 识别引领变革和管理转型文化所需的管理能力。使用 MSAI 将文化变革过程变成个人事务。
8. 设立测评、指标和里程碑节点，让大家持续对变革负责。
9. 设计一项沟通策略。

2. 所在团队中对组织有全局观的成员也需要亲自完成 OCAI。

3. 每个团队成员应该使用第二章列出的程序给出组织当前文化的轮廓图。

4. 作为团队就组织当前文化的特征开展一次讨论。所有人对组织文化轮廓图形成共识，而非计算平均分值。

5. 再次完成 OCAI，这次对所在组织未来应该呈现的方式进行评估。

6. 团队的其他成员也应该再次完成 OCAI，对期望或者未来的文化进行评估。

7. 每个团队成员需要使用第二章列出的步骤绘制期望的组织文化

轮廓图。

8. 作为团队组织就组织未来文化的特征开展一次讨论。形成共识，不要计算平均分值。确保所有人都要表达关于从哪里开始、如何变革的见解。

9. 对“现在”和“期望”的文化轮廓图进行比较。识别差距以便确定需要开展的文化变革。

理解

10. 以第四章中的图形样式绘制 OCAI 每个问题的轮廓图。形成关于所在组织的文化类型、文化一致性和文化强度的结论，对所在组织的文化以及相关的基准群体进行比较。这些比较有助于识别可能需要的文化变革。

11. 识别需要开展哪些文化变革。确定需要增强对哪种文化类型的关注，减弱对哪种文化类型的重视。

12. 确认启动文化变革认可什么以及不认可什么。完成第五章中的图表。

13. 找出一两个事件或者活动，它们能够阐释想在未来的组织文化中渗透的关键价值观。以故事的形式描述这些事件或者活动，以便它们能够阐释期望的组织文化的核心价值观和行为。这些故事应该能够捕捉未来文化的精髓。

实施

14. 在应开始、停止、继续的行动措施上达成一致，以便启动文化变革过程。

15. 识别可以立即取得的一些关键的小成功。选择可以立即启动文化变革并产生明显结果的行动。

16. 列明时间表、基准和责任对象。也就是说设计标准、测评和里程碑节点。

17. 设计一项沟通策略，形成双向沟通渠道，让每个人都能了解关于变革的信息。该策略将涉及确定如何、何时、何地以及由谁来沟通新的文化价值观。对持续全面的沟通制定计划。

18. 为了强化未来期望的文化，明确必须改变的组织各个方面。特别需要思考 7S 模型：结构、标志、体系、人员、战略、领导风格和管理技能。

19. 将文化变革个人化。明确为了体现新文化，每个团队成员需要提升或者改进的行为和能力。

20. 为了帮助团队成员识别支持文化变革的个人变化，完成附录 B 中的管理技能评估量表（MSAI）。使用表中提供的关键内容，我们可以获得关于个人管理能力与组织文化轮廓图之间匹配情况的大体认识。

但是，大家需要与本书作者联系，才能计算 MSAI 的分数并将计算结果与其他 4 万名管理者的分数进行比较。使用附录 D 中的建议形成个人改进计划以提升管理能力。

总结

变革组织文化是一项艰难的探索。它需要管理团队积极投入和奉献才能取得实效。当组织自身绩效与客户、环境或者卓越标准的要求之间不匹配时，这种投入和奉献尤其必要。当组织的领导者对未来的愿景要求改变组织的发展方向时，这种投入和奉献同样必要。在这种情形下，对文化变革过程的投入对于组织未来的成功至关重要。组织探索的大部分变革以及大部分组织之间的合并和收购没有成功，都是由文化不匹配造成的。因此在许多组织中，文化变革是成功的重要前提。

本书中呈现的过程和评估量表是帮助管理者启动和推动文化变革的宝贵工具。世界范围内大量的组织实践表明，这些框架、量表和建议的步骤是行之有效的。文化变革的真正工作以及最为困难的部分在于切实贯彻与跟踪。因此，管理者需要将这些工具和过程当作文化变革的基础，但是不能指望完成九步骤清单就大功告成。我们需要将之作为多年的计划，并且做好准备，在这一过程中各个步骤可能重复多次。

附录A

组织文化评估量表：定义、维度、信度和效度

本附录讨论组织文化评估量表（OCAI）的效度、信度和效果。这里提供的内容带有学术性质，将提供关于 OCAI 的可靠的背景信息。如果大家主要对管理文化变革过程感兴趣，或许没有必要读完所有内容。此处呈现的信息来自使用 OCAI 开展的一些组织文化科学研究。

当然，如果想要发挥 OCAI 的作用，我们需要高度相信它可以实现有效的文化变革。也就是说，我们需要有足够的理性依据，证明它测量了组织文化的重要方面（效度问题），它可靠地做到了这一点，而且测量的文化内容与组织绩效之间有一定的关联。我们必须清楚需要对组织文化的哪些维度加以考虑，它们为什么重要，评估结果能够为我们提供什么信息。在本附录里，我们就组织文化的意义及其关键维度提供了来自学者的一些信息，并对展示 OCAI 统计信度和效度的一些研究结果进行了回顾。我们也对一些研究进行了总结，它们使用 OCAI 检验了组织文化和期望结果（如组织有效性、领导力的有效性、组织战略、流程和决策风格）之间的关系。

组织文化评估的重要性

随着结构的变化（例如，单元合并、规模缩减和外包撤销了组织的一部分，或者组织整体合并），不同的组织文化进行融合的需求逐渐增加，因此诊断和管理组织文化需求日益重要。文化重要性增强的部分原因也在于组织运营所处外部环境的动荡性、复杂性和不可预测性增加。组织随着时间的流逝在调整应对环境的挑战和变化的同时，一般会形成一种主导性的组织文化（Schein,1983；Sathe，1983）。正如面对威胁、不确定性和模糊性的人们会奋力维持个人的习惯性行为(Staw，Sandeland & Dutton，1981；Weick，1984)，机构在应对挑战时也会以更高的热情重申其核心文化价值观。随着组织竞争、变化和压力的加剧，人们对组织文化重要性的认识和关注也在增加。这是因为组织文化具有双面性，不仅可以为组织带来稳定性，还能产生适应性。它能够产生稳定性是因为形成了将组织团结在一起的黏合剂。文化通过遵循一套清晰的、具有共识的价值观增强了组织的持续性和一致性。文化还能通过提供一套在设计应对新环境的策略时可以遵循的清晰原则增强适应性。澄清核心竞争力和战略意图（Prahalad & Hamel，1990）是组织具有适应性的必要条件，而这两者都根植于组织的独特文化。

面对外部不断变化的环境，由于变革和维持稳定的需要，组织文化评估变得越来越重要。诊断量表可用来识别核心组织文化价值观，对于有效的组织变革管理而言是一个尤其重要的工具。

评估组织文化中的问题

许多学术文献论及组织文化的概念范畴和理论基础（Deal & Kennedy，1982；Geertz，1983；Schein，1983，1985；Frost &

others，1991；Cameron & Ettington，1988；Ott，1989；Denison，1990；Martin，1992；Trice & Beyer，1993）。作者们指出了一些关于组织文化概念特征的重要争议。这些争议与如何精确地定义文化（定义问题），如何测评文化（测评问题），以及文化特征的重要维度（维度问题）有关。在此我们不对这些争议进行详细的再现，而是鼓励感兴趣的读者查阅这里引用的研究成果，进行深入的学习。为了清晰地呈现我们在采用测评组织文化的方法时持有的立场，有必要对以下三个问题进行总结。

定义问题

表 A－1 总结了组织文化的两大主要学科基础。需要注意的是，组织文化的定义最初有两个不同的学科基础：人类学基础（组织本身就是文化这一事实）和社会学基础（组织拥有文化的事实）。在每一个学科里均形成了两种不同的态度：功能态度（文化源于集体行为）和符号态度（文化存在于个人的理解和认知）。表 A－1 中总结的主要差异在于：是将文化定义为组织具有的一个属性，还是将文化定义为象征组织的一种表现方式。前一种观点认为研究者和管理者可以识别组织文化、变革文化和实际测评文化之间的差异。后一种观点认为组织除了文化别无他物，一个人在与组织发生冲突时就是在与文化发生冲撞。在前一种观点中，文化是组织的其他产出（例如有效性）的一个潜在预测指标，而后一种观点并非如此。后一种观点认为文化是一种概念，对这一概念的解释独立于其他任何一种现象。

表 A-1 组织文化的两大主要学科基础

	人类学基础	社会学基础
功能态度		
假设	组织本身就是文化	组织拥有文化
焦点	集体假设	集体行为
观察	主观因素	客观因素
变量	因变量（自动理解文化）	自变量（文化预测其他结果）
符号态度		
假设	文化是现实	文化有助于理解现实
焦点	个体假设	个体认知
观察	参与者浸入	参与者观察
变量	因变量（自动理解文化）	自变量（文化预测其他结果）

注：对立价值观模型采用了社会学中的功能态度所呈现的定义。文化是组织的一种属性，可以与其他的组织现象独立开来进行测评，就像我们将要展示的，它对预测哪些组织能取得成功而哪些组织不能非常有用。我们认为文化是组织本身的一种属性而不是一种描述组织、划分组织类型的比喻方式（例如官僚制、有组织的无政府状态或者网络）。但是，采取这种假设必须识别需要思考文化的哪些方面以及如何定义该概念。

卡梅隆和埃廷顿（1988）对大量公开的组织文化定义进行了回顾，注意到在大多数情况下，文化是代表组织及其成员特征的、具有持续性的一套价值观、信念和假设（采取表 A-1 中描述的社会学中的功能态度）。最重要的是，这些定义将组织文化与组织氛围进行了区分，组织氛围更多地描述短期态度、感受和对部分个体的感知。文化是组织持续的、变化缓慢的核心属性；氛围建立在态度的基础之上，变化速度快且幅度大。文化指的是组织隐蔽的通常难以观察的方面；氛围是组织更为明显的可以观察到的特征。文化包括核心价值观和对事情具有共识的理解；氛围是个人化的感知，随着情境和获得的信息快速变化。此处描述的对立价值观主要聚焦于文化属性而非氛围属性。我们评估的是组织的样态而非人们对它的感受。

测评问题

使用术语“组织文化”有助于将组织整体的文化与价值观、偏好和个体倾向（个人文化）区分开，也可以与一个国家或者一种文明的语言、规范和哲学（社会文化）进行区分。当然，组织可能拥有与各个子单元相关联的多种独特的亚文化。例如，市场部的亚文化可能与工程部的亚文化存在显著的差异，工会员工的亚文化可能与高层管理者的亚文化有所差异。但是，大多数组织文化类似于全息图。在这个全息图中，每一部分的要素中都蕴含着与所有其他要素截然不同的信息，使之与其他要素区分开来。当然每一个要素也包含共同的信息，可以再现整个图像。类似地，组织文化可能包含多个独特的亚文化，但是每一种亚文化都包含组织整体文化类型的特征。评估组织文化意味着将整体要素作为测评焦点，在使用该工具时将组织分析的层次作为目标对象。

我们在对所要分析的组织层面进行测评时可以采取三种策略：（1）整体方法，调查者到组织中进行深度的观察，也就是说，调查者变成组织的“本地人”；（2）组织内部的常见比喻或者语言研究方法，调查者使用记录、报告、故事和对话中的语言模式发现文化模式，正如侦探通过指纹、声音、字迹发现个人身份；（3）定量方法，调查者通过问卷或者访谈来评估文化某个特定的方面。定量方法可以让我们从多个视角评估组织文化的属性。

文化研究者对于哪种是最佳的文化评估方法仍在激烈争论。核心问题是文化评估的量化方式是不是有效的，或者深入的定性方法是不是发现和描述文化的唯一方式。基本的问题是：在使用问卷或者访谈方式评估文化时，一个人其实是在测评组织的表面特征——组织氛围，而不是深层次的文化价值观？因为文化是建立在通常没有被认识或者没有受到挑战的潜在价值观和假设基础之上的，一种观点认为只有通过深入的定性过程，在很长一段时间内用全面的方式对人工饰物、故事和神话以及理解体系进行研究，才能识别文化特性。“一个人必须亲身经历某事才能理解它”是这种方式的哲学基础。

与之相反的一种观点认为运用定性的方法会牺牲掉比较的广泛性。如果必须融入每一种文化，我们就不可能实现对多种组织文化的调查。对多种文化进行比较需要使用定量方法。但是，个体完成调查工具需要如实反映潜在的价值观和假设（文化）而不是表面的特征或者感知（氛围），这点非常关键。我们认为使用情景分析的流程是一种最佳的实现方法，让受访对象反馈这些情景在多大程度反映了他们所在组织的文化。这些情景是线索——涉及情绪和认知两个方面——让核心文化特性浮出水面。谚语“鱼知水流处”阐述了这种方法的哲学基础。受访对象在得到问卷中情景提示之前，可能并没有意识到文化的关键特性。关于组织文化的大量知名研究采用了这种方式，包括 Ouchi & Johnson（1978）、O'Reilly（1983）、Denison（1990）以及 Cameron & Freeman（1991），这也是文化评估中对立价值观方法所呈现的。

维度问题

因为不能对组织的任何事情都予以关注，为了充分诊断组织文化，我们需要聚焦于组织文化的某些方面而非其他方面。此处简要说明两类维度：内容维度和模式维度。内容维度指的是一个组织文化的某些方面，在情景中应该作为线索，帮助个体认识其组织的价值。模式维度指的是文化轮廓图，通过计算文化评估量表的分数得到。该轮廓图中的各个维度都可以用来诊断文化。

在解释该量表包含的内容维度之前，先说明这些维度为什么可以揭示组织文化是很有帮助的。该解释依赖于心理原型这一概念。

心理学理论研究者指出大部分个体在理解周围的世界时持有相似的框架。该框架被称为心理原型，指的是人们在对接收到的信息进行组织时脑海里形成的各种类别。例如，让我们再次引述伊恩·米特洛夫（Ian Mitroff，1983，p.17）的观点：

一个人对世界文化的多样性的观察越多，就越会发现在符号层面各种原型形象之间存在惊人的一致性。白天人们可能会出现意见分歧甚至大打出手，但晚上他们的梦和神话却显示出深刻的一致性。这种一致性程度之高不可能仅仅是偶然所致。因此这是由无意识的最深层次心灵的相似性造成的。这些以相近的情形出现的符号化形象就是原型。

OCAI 的重要维度抓住了这些心理原型的潜在结构。也就是说，使用对立价值观模型进行文化评估与人们在获取、理解信息并得出结论时使用的基本组织框架是一致的（如果想深入了解关于该主张的基础，参阅 Cameron & Ettington（1988））。研究发现，人们使用这个心理原型描述他们的组织文化，并根据潜在原型所处的情境对文化信息进行理解。换言之，组织文化被自然理解的方式与对立价值观模型的维度是匹配的（Mason & Mitroff，1973；Mitroff & Kilmann，1978）。因此，评估组织文化的关键就是识别反映组织关键价值观和假设的方面，同时也给了人们使用其潜在原型框架进行反馈的机会。OCAI 可以实现这一点。

以下六个内容维度是 OCAI 的基础：

1. 组织的主导特征或者说组织的整体样态；

2. 渗透于组织的领导风格和方式；

3. 员工管理或者对待员工的方式特征，以及工作环境状况；

4. 将组织凝聚在一起的黏合剂或者聚合机制；

5. 战略重点——定义了驱动组织战略发展的重点领域；

6. 成功的标准——界定胜利和什么可以得到奖励或者表扬。

总体来说，这些内容维度反映了组织运行方式的根本文化价值观和隐含假设。它们反映了组织的样态。当然，这里列出的六个内容维度并不全面，但是过去的研究证明它们提供了一张充分描述组织现行文化类型的图。因此，潜在的组织文化可以通过让组织成员回答关于这些维度的问题得以显现。再次强调，这一点非常正确，因为对立价值观模型的核心结构与占据主导地位的心理原型是一致的，参与者可以使用其熟悉的结构给出文化评分。

关于组织文化的模式维度，文献中大量提及。卡梅隆和埃廷顿（1988）记述了20多种，包括内部－外部焦点、速度、风险、参与性、清晰度、权力距离、男性化和个体主义。其中任何一个维度都有助于形成组织文化的轮廓图或者模式。但是到目前为止，文献中出现的最主流或者最频繁的三个维度是文化强度、文化一致性和文化类型。

文化强度指的是文化影响组织内发生事情的强度或者决定程度。例如，迪尔和肯尼迪（1992，p.5）认为“强文化几乎是所有美国企业持续成功的驱动力量”。

文化一致性指的是组织的一部分体现出的文化与组织的另外一部分体现出的文化相似或者一致的程度。例如，尼德勒和塔什曼（Nadler & Tushman，1980，p.275）发现“在其他事情相同的情况下，[一个组织]各要素之间总体一致或者匹配的程度越高，各个层次组织行为就越有效”。

文化类型指的是组织中体现出来的特定文化类型（例如，创新的、风险导向型文化）。卡梅隆和埃廷顿（1988，p.385）发现“组织有效性与文化类型的关系要比与文化一致性和文化强度的关系更紧密”。科特尔和赫斯克特（1992）发现，高绩效公司（美国航空公司（American Airlines）、信孚银行（Bankers Trust）、安海斯－布希

（Anheuser-Busch）、百事（PepsiCo）、惠普、康尼格拉（Con-Agra）、壳牌（Shell）、艾伯森（Albertsons）、代顿哈德逊（Dayton Hudson）、沃尔玛、金西（Golden West）、斯普林斯工业（Springs Industries））以及相对应的低绩效公司（西北航空（Northwest Airlines）、花旗集团（Citicorp）、库尔斯酿酒公司（Coors）、施乐、阿彻丹尼尔斯米德兰公司（Archer Daniels Midland）、德士古（Texaco）、迪克西（Winn-Dixie）、杰西潘尼（JCPenney）、阿曼森（H.F. Ahmanson）、菲德克瑞斯·坎农（Fieldcrest Cannon））之间主要的差异在于文化强度、文化一致性（文化与战略的匹配性）和文化类型（同等重视顾客、股东和员工）。

OCAI 的独特之处在于它能识别出组织的文化强度、文化一致性和文化类型。如之前所讨论的，通过观察一个组织的整体文化轮廓，我们可以立即发现该组织里一种或者多种文化是否强势（或者占据主导地位）。通过单独审视六种情景中（问题）的轮廓图，我们可以发现六种轮廓图之间一致或者异质（不统一）的程度。最后，基于最受重视的文化类型，文化轮廓图可以让我们简单地分辨出组织拥有的文化类型。

我们对成百上千家组织进行的研究表明，部落型文化和等级型文化比市场型文化和委员型文化更具普遍性。

OCAI 的信度和效度

为了保证 OCAI 是有用的，我们需要确保它是可信的、有效的。我们需要证明它测量了声称可测量的内容，而且每次使用时都是如此。幸运的是，许多研究者使用该工具对诸多不同类型的组织进行了研究。这些研究均在其分析过程中检验了该工具的信度和效度。我们在此对其中的一些研究做了总结，以便为该工具和方法的信度和效度提供证据。

信度

信度指的是工具测量文化类型的一致性程度。也就是说，意欲用来评估文化类型的题目确实能评估所要测评的内容吗？奎因和史普莱策（Quinn & Spreitzer，1991）开展的一项研究检验了 OCAI 的信度，在该研究中，来自 86 家公用事业公司的 796 名管理者对所在组织的文化进行了评估。其中包括高层管理者（占样本的 13%）、中高层管理者（45%）、中层管理者（39%）以及一线员工和职员（2%）。[①] 他们计算了该工具所评估的各种文化类型的克朗巴哈 α 系数[②](Cronbach alpha coefficient)，这是一个信度统计量。每一个系数在统计上都是显著的，与信度的常规标准相比也是非常令人满意的。部落型文化的系数为 0.74，委员型文化为 0.79，等级型文化为 0.73，市场型文化为 0.71。换言之，受访对象使用该工具各个问题对其组织文化的评估有一致性倾向。这项研究使用了李克特量表（而非 OCAI 使用的自比量表），表 A－2 列出了李克特量表评估使用的题项及其信度。

① 比例之和为 99%，原书如此。——译者

② 克朗巴哈 α 系数是一个统计量，是指量表所有可能的项目划分方法所得到的折半信度系数的平均值，是最常用的信度测量方法。通常该系数的值在 0 ～ 1 之间。如果 α 系数不超过 0.6，一般认为内部一致信度不足；达到 0.7 ～ 0.8 时表示量表具有相当的信度，达到 0.8 ～ 0.9 时说明量表信度非常好（整理自百度）。——译者

表 A－2　评估组织文化的李克特题项

内部过程——等级型（0.8）	可预测的结果
	稳定性和持续性
	秩序
	可信性和可靠性
开放型体系——委员型（0.83）	创新和变革
	创新性问题解决方案
	权力下放
	新想法
合理目标——市场型（0.83）	卓越的成果和质量
	完成工作
	实现目标
	尽个人最大努力
人力资源——部落型（0.90）	参与和开放的讨论
	员工关注点和想法
	人际关系、团队合作和凝聚力
	士气

注：括号里的数据是信度。

资料来源：Kalliath, B1uedorn, and Gillespie（1999）.

杨、布罗克班克和乌里奇（Yeung，Brockbank & Ulrich，1991）对来自 1 064 家企业（其中很多公司为《财富》500 强）的 10 300 多名管理人员的研究提供了关于信度的证据。关键的受访对象是人力资源经理以及需要使用该评估工具的各类副职。每家企业的受访对象平均为 9 名。他们使用 OCAI 收集关于每个组织文化的数据。各种问题选项组合在一起形成了相应的文化类型，同时也得到了信度系数。

结果显示，部落型文化的信度为0.79，委员型文化的信度为0.80，等级型文化的信度为0.76，市场型文化的信度为0.77。在每一种情况下，信度系数均超过了满意水平。杨、布罗克班克和乌里奇发现占比最大的是由等级型文化主导的公司（44%），部落型和委员型文化主导的公司次之（分别为15%和14%），令人意外的是，没有一家公司的主导文化是市场型文化。所有公司都在一定程度上强调市场型文化，6%的公司对四种文化有同等程度的关注，22%的公司没有鲜明的文化导向。

扎姆托和克拉科多尔（Zammuto & Krakower，1991）使用该工具对高等教育机构的文化进行了调研。受访对象超过1 300人，包括行政管理人员（占样本总量的39%）、部门负责人（34%）和董事（27%）。他们对所在组织的文化进行了评估，得到的信度系数分别为：部落型文化0.82，委员型文化0.83，市场型文化0.78，等级型文化0.67。

我们还可以援引其他大量的研究（例如，Peterson，Cameron，Spencer & White，1991），但据我们了解，在每一项研究中，这些文化类型的信度都与此处的情况是一致的。换言之，目前已有充分的证据让我们具有信心，OCAI的信度达到或者说超过了社会和组织科学领域中大多数通用工具的信度。

效度

效度指的是我们想测评的现象真正得到了测评。也就是说，该工具是否确实测评了组织文化的四种类型？卡梅隆和弗里曼（Camron & Freeman，1991）对334家高等教育机构组织文化的研究为OCAI的效度提供了证据。该组织样本代表了美国所有四年制学院和大学。对于每一个机构，他们找出那些对整个机构有全面认识的人，因此每个机构的受访对象包括主席，学术、财务、学生事务、外部事务的负责人，机构研究工作者，挑选的个别部门负责人，以及从校董会选出的人员。每个机构的受访对象在12～20人之间，共有3 406人。

没有哪个组织仅有一种文化的特征，但是大多数机构中明显存在占主导地位的文化。出现频率最高的文化是部落型文化，出现频率最低的文化则是市场型文化。共有236家机构拥有统一的文化（一种文化主导着组织的大多数方面），而98家机构的文化不统一（组织各个方面体现出的文化不一致）。

他们对文化的三个维度——文化强度、文化一致性和文化类型——与组织有效性之间的关系进行了观察。在之前的研究中卡梅隆已经发现了高等教育机构组织有效性的维度，而此项研究使用这些维度研究了强文化比弱文化有效的程度，统一的文化比不统一的文化有效的程度，以及不同类型文化之间有效性的差异程度。该研究发现文化强度和文化一致性对组织有效性的预测不如文化类型。也就是说，强文化和弱文化、统一的文化和非统一的文化与组织有效性的多个维度之间并不存在显著的统计差异，但是对不同的文化类型进行比较则会产生显著的差异。

如果将文化类型与组织表现优异的方面、决策制定方式、结构类型和战略选择进行比较，我们可以获得关于文化测评工具有效性的证据。拥有部落型文化的机构在士气、满意度、内部沟通、支持以及所有与部落型价值相关的属性方面绩效表现最佳。拥有委员型文化的机构在与适应性、系统开放性、创新和前沿知识——所有这些属性都与委员型价值一致——相关的方面表现最佳。拥有市场型文化的机构在与获取所需资源如收入、优秀员工、机构知名度等——所有属性与市场型价值一致——相关的方面表现最佳。具有等级型文化的机构在所有绩效方面均表现不佳。

其他的统计分析揭示出，拥有不同类型文化的机构同时也有不同类型的战略、决策过程和组织结构。部落型文化的特征是高凝聚力，具有共同制定决策的权力，以及对机构的身份和使命拥有特殊感悟。委员型文化的特征是创新、积极的战略，日益扩张的组织边界以及主动性。市场型文化的特征是进取性和前瞻性战略。等级型文化的特征是财务和效率的严格控制。简而言之，这些分析形成的结果与对立价值观模型每种文化类型典型的价值观和组织属性高度一致。也就是说，它们为共时效度[①]（concurrent validity）提供了强有力的证据。

奎因和斯伯莱茨（Quinn & Spreitzer，1991）还发现了另外两类效度的证据：聚合效度和区分效度。对于这两类效度的检验是通过多

① 共时效度是经验效度的一种，是将一次测试的结果同另外一次时间相近的有效测试的结果进行比较得出的系数（整理自百度）。——译者

质多法[①]（multitrait-multimethod）分析和多维尺度量表分析开展的。

多质多法分析是通过使用两种不同的工具对组织文化进行评估。一种工具是本书介绍的 OCAI。另一种工具使用不同的反应量表对相同的文化维度进行评估，该量表是李克特量表，对每种情景的评分为 1～5 分。四种文化的得分量级代表了四种特质，两种不同的工具代表了两种方法。分析的目的是确定这四种特质（四种文化）能解释的差异是否超过了所使用方法（两种不同的工具）能解释的差异。为了获得关于效度的证据，同一文化类型的相关系数应该存在显著的差异，从 0 到中等水平（Campbell & Fisk，1959）。在使用多质多法相关矩阵进行检验后，结果证明效度得到了支持。与要求一致的是，对角线相关系数均不为 0（ρ<0.001），处于 0.212～0.515 之间，相关系数为中等水平。

区分效度通过三种方式得到了检验。第一种测试对同一文化类型的测评数值进行检测，相较于使用不同工具对不同文化类型的测评数值，观察它们的相关性是否更高（Campbell & Fisk，1959）。在 24 组比较中，有 23 组与期望一致，为区分效度提供了有力的证明。在第二种测试中，同一文化类型的测评数值之间的相关性应该比同一工具测出的不同文化的测评数值更高（Campbell & Fisk，1959）。在 24 组比较中，16 组符合这种情况，为区分效度提供了中等程度的支持。在第三种测试中，同一方法内部和不同方法之间应该具有相同模式的

① 多质多法由坎贝尔和费斯克（Campbell & Fisk，1959）提出，他们通过对多质多法的相关矩阵的分析来判断不同测量方法的汇聚效度和不同心理特质之间的区分效度（整理自百度）。——译者

相互关系（Campbell & Fisk，1959）。肯德尔和谐系数[①]（Kendall's coefficient of concordance）的计算结果为 0.764（ρ<0.001），为效度提供了强有力的支持。换言之，这三项使用多质多法的测试为该模型和该评估工具的聚合效度和区分效度提供了支持。

多维尺度量表分析过程也为聚合效度和区分效度提供了很强的支持。图 A-1 显示了在使用两种不同类型的工具时各种文化类型的位置。古特曼和灵格斯异化系数（Guttman & Lingoes's coefficient of alienation）（γ=0.076）以及谢菲尔德和克鲁斯卡压力系数（Shepherd & Kruskal's stress coefficient）（stress=0.056）表明数据和模型之间的匹配度令人满意（Kruskal & Wish，1978）。而且，图中每种文化类型都在相应的象限中，相对于特征不同的文化类型，特征相近的文化类型位置更加接近，而且每一种文化都处于不同的象限中。也就是说，使用多维尺度量表技术为聚合效度和区分效度提供了强支持。

扎姆托和克拉科多尔（Zammuto & Krakower，1991）为效度提供了进一步的证据。在关于大学文化的研究中，他们发现部落型文化与授权、信任、组织成员的平等意识、高士气以及对领导的满意度有密切的关系，所有这些要素都与部落型文化代表的核心价值观一致。他们发现委员型文化与正式、乐于变革以及对战略和改进的主动导向密切相关，所有这些要素都与委员型文化倡导的价值观高度一致。市

① 肯德尔和谐系数是计算多个等级变量相关程度的一种相关量（整理自百度）。——译者

场型文化与指导性领导力、对抗和冲突、对成就的奖励以及强指令强相关，所有这些要素与市场型文化倡导的价值观相容。等级型文化与规范化、抵触变革、稳定以及对变革的被动导向和低士气密切相关，这些要素大多与文化特性高度一致。

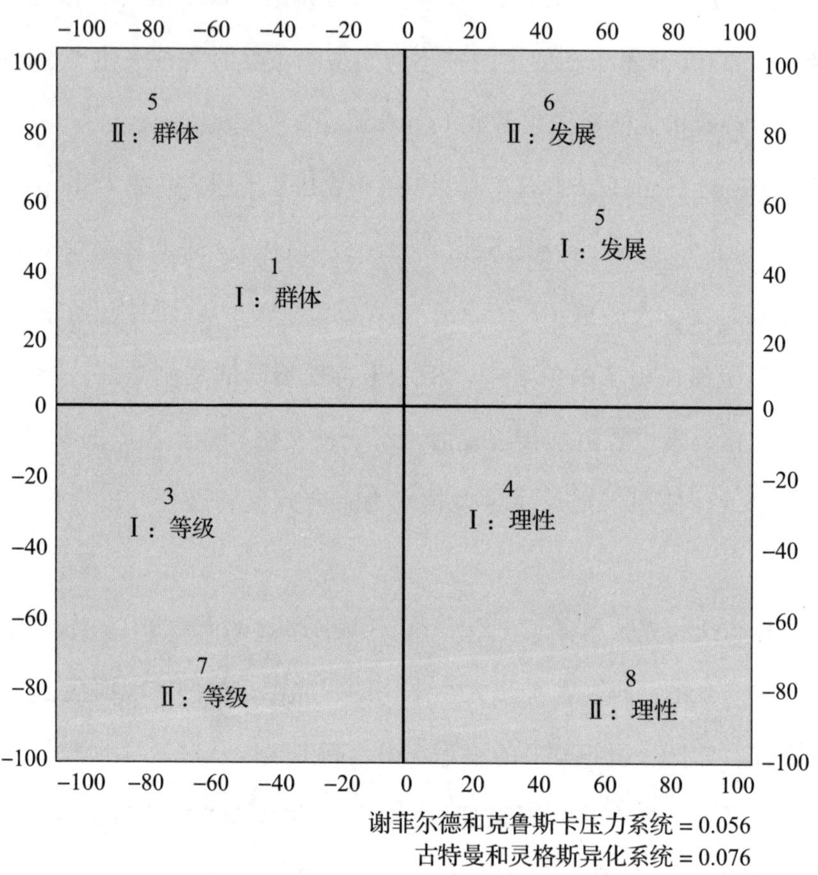

图 A－1　对立价值观维度的多维尺度量表结果

其他的研究也检测了 OCAI 的效度，结果相同，据我们所知没有任何研究产生了与此冲突、不能证明该效度的证据。换言之，实证证据表明 OCAI 测评了它所要测评的对象：组织文化对组织和个体行为具有重大影响的关键维度。而且，它非常可靠地测评了这些维度。

对反应尺度量表的说明

OCAI 使用的反应尺度量表满分为 100 分，人们在不同的选项之间予以分配。这种量表称为自比量表。最常见的选项评分量表是李克特量表，受访对象对每个问题的选项给予 1 ～ 5 分或者 1 ～ 7 分的评分——比如说，从强烈同意到强烈不同意。OCAI 中虽然专门选择了自比量表，但我们使用了两种反应量表开展研究（见表 A-1）。OCAI 量表既有优势亦有不足，研究者对此要有清醒的认识。其主要优势是强调了组织中确实存在的各种文化的独特性，并加以区分。OCAI 提供 100 分量表而非使用李克特 5 分量表或者 7 分量表。如此可以在评估中呈现更多的差异。OCAI 的另一优势是受访对象被迫找出组织内确实发生的权衡取舍。如果使用李克特量表，受访对象倾向于对所有的文化类型给出高分或者低分，差异化程度降低。

自比量表不会产生独立的反应。例如，问题 1 中的选项 A 与问题 1 中的选项 B 是相关联的。而在李克特量表中，每一种反应都是独立的。正规的关联系数分析是建立在对每个题项进行独立反应的假设的基础之上，不适合对这类数据进行分析。卡梅隆和弗里曼（Cameron & Freeman，1991）以及扎姆托和克拉科多尔（Zammuto

& Krakower，1991）对这类数据所采用的标准统计方法的合理性受到质疑，一些文章中可以看到使用其他统计方法的例子。奎因和斯伯莱茨（Quinn & Spreitzer，1991）以及杨、布罗克班克和乌里奇（Yeung，Brockbank & Ulrich，1991）使用了李克特量表，并采用了标准的统计程序。

出于研究的目的，我们建议学者采用与研究计划和中心问题相匹配的统计方法。我们非常乐意与研究者开展关于其他可使用的统计方法的讨论，也乐意学习其他研究是如何使用该量表的。

附录B

管理技能评估量表的心理测量分析

管理技能评估量表（MSAI）已经得到广泛的应用，对于组织文化变革工作是非常重要的补充工具，同时也是优秀的人事管理改进量表，我们在此对其心理学特性做简要的介绍。该介绍对于想在组织内部开展变革工作或者从事研究的人员或许是有用的。本附录末提供了MSAI。

对于MSAI心理测量特性的最优秀、最透彻的分析来自密歇根大学的李·科莱特（Lee Collett）和卡洛斯·莫拉（Carlos Mora）。他们解决的关键问题是：MSAI测量的管理技能与对立价值观模型匹配吗？也就是说，一种文化中的管理技能可以预测其他文化类型中的管理技能吗？该理论框架是否真正绘制了MSAI？

为了解决该问题，科莱特和莫拉（Collett & Mora，1996）开发了一种新的统计技术——个人偏差分值（D-score，即D-分值）。他们使用了针对MSAI所收集的部分数据（包括40 000人的数据）。他们的分析包括8 816个样例。鉴于他们的选择程序，我们没有理由认为他们分析的数据与总的数据存在系统性差异。科莱特和莫拉对能力各个方面（如管理团队或者管理创新）的分数使用了线性组合（方法），根据60个原始题项形成了12个能力维度的分数以及4种文化的分数。他们首先对每个下属的反应进行分析，然后对评估同一管理者的所有人员在各个题项上的平均分进行汇总。他们对三个具有相关关系的标准进行了计算：（1）对4种文化指标之间的关系进行计算以检验相邻或者对角上的文化象限之间假设的关系；（2）对12

种能力之间的 12×16 个关系矩阵进行计算以对象限之间和象限内的关系进行比较；（3）对 12×60 个（12 个能力维度和 60 个题项）关系矩阵进行计算以对能力维度之间的相互关系（可靠性）和能力维度之内的关系进行比较。

在说明 D-分值统计过程之后，我们展示这些分析的结果。

个人偏差分值

科莱特和莫拉为分析 MSAI 数据设计了新的统计方法，因为他们怀疑人们对其他管理者管理行为所做评估的结果并不遵从正态统计的假设。通常来说，人们认为对任何现象的一系列评估都是围绕正态曲线分布的。但是，如果只有一位下属对管理者进行评价，这些评分就不可能按照正态曲线分布。这就构成了对同种现象的重复测评，这些评分可能会受到一系列要素的影响而增大偏差，其中最明显的要素是管理者的行为和评估者的个人偏见。个人偏差分值背后的理念来自偏差的重复测量方差分析[①]这一基本理论，它将个人的分值作为影响累加的线性组合。个人对一个 MSAI 题项的评分（X）可能包括七个累加要素。它可以用下述数学公式进行描述：

$$\chi_{ijkm}=\mu+M_m+（O_{i(m)}+C_m+Q）=F_k+E_{j(ikm)}$$

① 重复测量方差分析是对同一因变量进行重复测度，然后考察各种处理之间是否存在显著性差异以及各种处理与被试分级之间的交互作用。

式中，

μ——所测评管理者能力的平均绩效。

M_m——管理者 m 实际绩效高于或者低于 μ 的量。

$Q_{i(m)}$——评价人 i 在对管理者 m 的绩效进行评价时的观察误差（+ 或者 –）。下标的括号里表示对应关系；也就是说，评价人与管理者是对应的，他们只评价一位管理者。我们假设这些要素是随机分布的，其平均值为零。

C_m——由管理者 m 的个人魅力引起的偏差（+ 或者 –）。我们假设提供数据的管理者是所在组织内的绩效最优者；因此，大多数管理者的得分为正值，只有个别分值较低的情况，由此呈现强烈的负偏态分布[①]。

Q——问卷和管理程序的偏见效应（+ 或者 –）。对于 MSAI，题项使用积极的语言可能会产生一致的正面影响。

F_k——维度 k 对该维度中每个题项的实际影响（+ 或者 –）。

$E_{j(ikm)}$——评价人 i 在维度 k 中题项 j 上对管理者 m 的评价误差（+ 或者 –）。再次说明，下标的括号里代表与评价人、维度和管理者的对应关系。

将 O，C 和 Q 用括号括在一起表示这三种偏差共同存在于每个人的平均反应中——它们都是评估者效应。它们的合并效应一般比该等式中的其他要素大，而且该效应是正值，这使得每个题项的原始分数

① 负偏态分布（negative skewness distribution），指频数分布的高峰偏于右侧，偏态系数为负值的频数分布形态，是均值小于众数时的偏态分布。

都倾向于出现在反应量表的顶端。相应地，分值的分布斜率为很大的负值。我们的挑战是消除 O，C 和 Q（评估者）的影响以识别 M 和 F（管理者行为）。它可以计算每个评估值的均值（60 个题项的均值），然后将该总均值的偏差区分成个人因素和人际因素。在 ANOVA 重复测量中，对这些偏差进行平方然后计算总和，从而得到平方之和以及每个因素的偏差。但是，在这个分析中，使用了偏差分值。将每个题项的原始分值减去每个评估者的平均分值，我们就可以分别计算出 60 个题项中每一个题项的偏差分值（D-分值）。我们可以通过计算在理论上与各个维度和象限匹配的所有题项的平均值，得到各个能力维度和文化象限的分值，进而得到题项、维度和象限 D-分值之间的相关关系。

D-分值的特征

D-分值是自比分值，它们的分值之和是 0。这意味着每一个很高的正值都需要一个同等大小的负值相抵消。因此，一般会有一个题项的 D-分值与其他大多数题项存在负相关关系。自比量表之间相关关系的期望值是负的，因此，相同能力维度或者相同文化类型题项之间的正相关关系（0.50 或者更高）以及处于对角线象限的能力维度和文化类型之间的负相关关系为 MSAI 的效度提供了强有力的支持。对于自比量表，中等程度的负相关关系将会出现在相邻的文化类型中。

D-分值已经消除了个人效应（O，C，Q）。各个题项的原始分值的形式为 444454…4，D-分值的形式为 111121…1。对于每一位评估者的评估结果来说，D-分值仅代表该分值与所有分值之间的相对位置。因此，与常规的统计分析一样，D-分值的分析结果显示了评估者个人反应模式的内部差异，而非不同评估者之间反应模式的差异。为了确定 MSAI 是否有效、有用，我们感兴趣的是各个评估者对所评管理者的评估，而非所有评估者对所有管理者的评估。因此，研究问题如下：

- 是否与框架模型预测的一样，委员型文化象限的技能与等级型文化象限的技能为负相关关系？
- 部落型文化象限和市场型文化象限是否负相关？
- 每种文化象限中的能力维度是否正相关？
- 维度之间的题项是否显示出足够的信度？

分析结果

文化象限之间的关系

图 B－1 显示了文化类型之间的相关关系结果，与对立价值观模型一致，部落型文化和市场型文化之间的相关系数为 -0.43，委员型文化和等级型文化之间的相关系数为 -0.68。与预计相同，相邻象限之间的相关系数为负值，但是其值比对角线上象限之间的值小很多（委员型文化与市场型文化之间的相关系数为 -0.10，市场型文化与等级型文化之间的相关系数为 -0.18，部落型文化与等级型文化之间的相关系数为 -0.34，部落型文化与委员型文化之间的相关系数为 -0.23）。

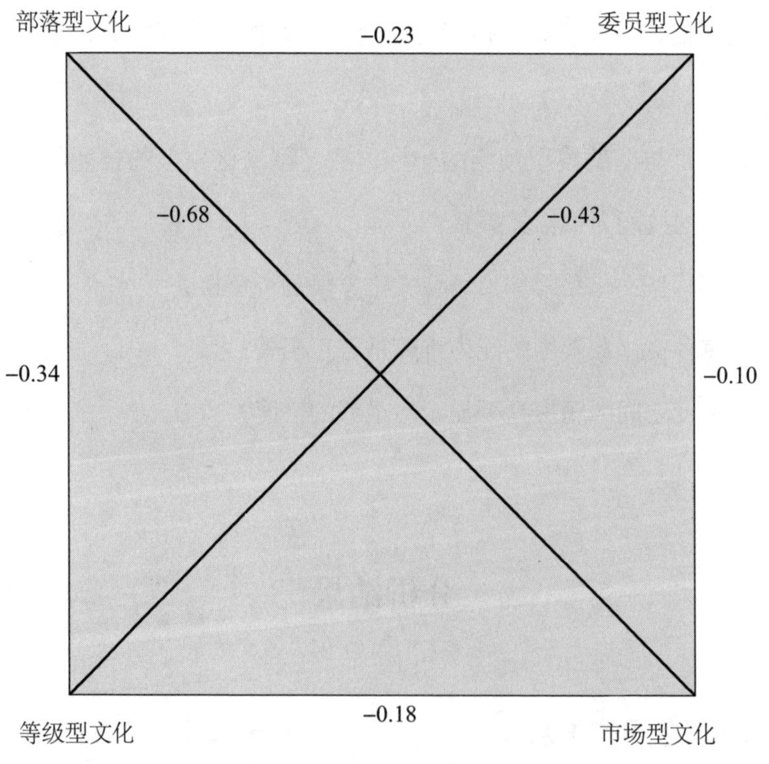

图 B－1　象限间的 D-分值相关关系

能力维度之间的相关关系

与对立价值观模型一致，一个文化象限中各个能力维度之间应具有正相关系数或者很小的负相关系数。在表 B-1 中展示的分析结果证实了该预测。部落型文化象限中能力维度之间具有正相关关系，与市场型文化象限中能力维度之间具有很强的负相关关系。相邻象限中维度之间的相关关系为正值或者较小的负值，而且只在一种情况（管理控制体系）下比位于对角线上象限之间的相关关系具有更大的负值。对于部落型文化象限，18 种情况中有 17 种符合理论上相邻象限之间的关系。

委员型文化象限中能力维度之间的相关系数接近 0，一些为较小的正值，一些为较小的负值。18 种情况中有 16 个分值小于对角线象限之间的相关系数。18 种情况中有 12 种符合理论上相邻象限之间的关系。

市场型文化象限中能力维度之间的相关系数也主要为正值，验证了象限中维度之间的关系。理论上的对角线象限关系对于所有的情况均成立，18 种情况中有 15 种符合理论上相邻象限之间的关系。

等级型文化象限中能力维度之间的相关系数也接近 0，都为较小的正值，验证了它们的信度（因为预计的关系为较小的负值）。尽管相对于其他象限结果没有那么明显，但对角线象限的关系也得到了验证。18 种情况中有 11 种相邻象限的结果与预测一致。尽管等级

表 B－1　维度间 D-分值相关关系

	T	IR	DO	I	F	CI	C	E	CS	A	Con	Coor
部落型文化												
管理团队（T）		+0.55	+0.18	+0.09	−0.20	−0.22	−0.61	−0.42	−0.26	−0.05	−0.32	−0.03
管理人际关系（IR）			+0.22	+0.12	−0.33	−0.19	−0.64	−0.46	−0.19	−0.10	−0.33	−0.01
管理他人发展（DO）				+0.10	−0.15	−0.01	−0.40	−0.17	−0.30	−0.00	−0.30	−0.21
委员型文化												
管理创新（I）					+0.30	+0.04	−0.41	−0.11	−0.22	−0.32	−0.33	−0.16
管理未来（F）						−0.06	−0.03	+0.56	−0.11	−0.09	−0.11	−0.15
管理持续改进（CI）							−0.04	+0.02	−0.08	−0.11	−0.01	−0.16
市场型文化												
管理竞争力（C）								+0.63	+0.50	+0.24	+0.30	−0.16
激发员工活力（E）									−0.01	+0.14	−0.06	−0.25
管理客户服务（CS）										−0.07	−0.02	+0.05
等级型文化												
管理文化适应性（A）											+0.13	+0.04
管理控制体系（Con）												+0.14
管理协调（Coor）												

型文化象限的结果没有其他象限明显，对角线象限的结果与理论上的关系一致，并且相邻象限的关系得到了很有力的验证（只有个别例外）。

题项维度相关关系

对每个题项与其他在理论上属于同一维度的题项之间相关关系（维度内相关关系）以及该题项与其他三个维度（维度外相关关系）之间相关关系的比较显示，每个能力维度均有很高的信度（远高于 0.50，对于自比量表来说证明它具有很高的信度）。调查中的两个题项——第 31 项和第 60 项——似乎对其理论维度进行测量的效力较弱，因此将它们从 MSAI 中剔除可以增强问卷的心理测量的有效性。但它们可测评管理者行为的重要方面，尽管它们在调研中与其他题项之间没有强相关关系。

总之，这些分析为 MSAI 作为一种有助于文化变革过程的量表提供了有力支撑。它清晰显示了以对立价值观模型作为理论基础的各文化象限和能力维度之间的关系。该量表评估的关键管理技能具有与文化象限相同的理论关系。这提升了我们的信心，它可以帮助管理者改进有利于文化变革朝着预期方向推进的能力。

管理技能评估量表
自我评估表

该量表的目的在于对大家工作中的管理行为进行描述。答案没有正确与错误之分。问卷中的题项来自有关管理行为的研究，以便为大家的管理能力提供一个轮廓图。这些题项并不能测评您的管理风格，测评的是您的管理行为。因此，您的反馈应该基于自身的做法，而非认为应该怎么做。

您做出的反应将与从组织中下属、同级和上级处获得的反馈进行比较。对这些信息进行整理之后，您可以获得一份专门针对个人的反馈报告。同时还可以将自身的能力与 8 000 名其他管理者的能力进行比较。

您的反馈有一个标准化的答题卡。请在答题卡上标出自己的答案。这样有助于将数据输入电脑从而产生反馈报告。请不要在调查问卷上标出答案。

您将获得一个编号，以便进行数据分析，这个编号应该已经印在答题卡上，除了选择每个问题的答案以及写下姓名之外，请不要有其他标识。

完成该问卷需要 30 分钟。完成之后请按照提交日期将答题卡传真给行为数据服务中心（Behavioral Data Services）。不需要将问卷传真回来。

非常感谢您的合作！

管理技能调查自我评估表

作为一名管理者描述您的行为，根据您大多数情况下的实际行为而不是期望的行为方式做答。如果对某项答案不是很确定，可以尽最大努力猜测。请大家在答题卡上标出答案。在评估中使用如下量表：

5——强烈同意

4——适度同意

3——少许同意或者不同意

2——适度不同意

1——强烈不同意

	强烈同意	适度同意	少许同意或者不同意	适度不同意	强烈不同意
1. 所在单元的人与我分享问题时，我会以支持的方式进行沟通。	5	4	3	2	1
2. 我鼓励单元中的其他人提出新的想法和方法。	5	4	3	2	1
3. 我激励并增强他人更好工作的决心。	5	4	3	2	1
4. 我密切跟踪所在单元的表现情况。	5	4	3	2	1
5. 我定期对下属进行指导以改进他们的管理技能，实现更高水平的绩效。	5	4	3	2	1
6. 我认为下属应该高强度地努力工作，拥有高水平的生产力。	5	4	3	2	1
7. 我制定了充满野心的目标，激发下属获得高于标准水平的绩效。	5	4	3	2	1
8. 我创造或者帮助他人获得实施个人创新性想法所需的资源。	5	4	3	2	1

	强烈同意	适度同意	少许同意或者不同意	适度不同意	强烈不同意
9. 当有人提出新的想法时，我支持他们坚持到底。	5	4	3	2	1
10. 我设法确保所有的员工清楚了解我们的政策、价值观和目标。	5	4	3	2	1
11. 我设法确保他人对个人工作如何与组织其他人衔接有清楚认识。	5	4	3	2	1
12. 我建立了一支凝聚力强、忠诚度高的员工队伍。	5	4	3	2	1
13. 我定期为下属提供对他们工作状况的反馈。	5	4	3	2	1
14. 我清晰地传达了未来可以实现什么的愿景。	5	4	3	2	1
15. 我增强了竞争意识，帮助所在团队的成员比其他团队的成员表现更佳。	5	4	3	2	1
16. 我确保所在单元会定期开展汇报和评估工作。	5	4	3	2	1
17. 我理解并简化复杂信息，方便他人理解并在整个组织内分享。	5	4	3	2	1
18. 我在团队内部促进有效的信息分享和问题解决。	5	4	3	2	1
19. 我在团队内促进理性、系统的决策分析（如对问题的要素进行有逻辑的分析），以降低重要问题的复杂性。	5	4	3	2	1
20. 我确保所在单元内的其他人获得了个人成长和发展的机会。	5	4	3	2	1
21. 我营造了鼓励和奖励团队内其他人在决策中加入和参与的氛围。	5	4	3	2	1
22. 在我领导的团队中，我确保任务完成和人际关系均得到了充分的关注。	5	4	3	2	1
23. 在给他人提供负面反馈时，我鼓励他们自我改进而非让他们产生防御心理和不良情绪。	5	4	3	2	1

	强烈同意	适度同意	少许同意或者不同意	适度不同意	强烈不同意
24. 我让他人承担可以拥有自我成长和发展机会的任务和责任。	5	4	3	2	1
25. 我积极帮助他人为在组织内部晋升做好准备。	5	4	3	2	1
26. 我会定期针对所在组织的流程、产品和程序提出新颖的、创新的想法。	5	4	3	2	1
27. 我常常对团队成员重申和强调我对所在单元的愿景。	5	4	3	2	1
28. 我帮助他人形成对未来不一样的新憧憬，包括所有可能以及很可能发生的事情。	5	4	3	2	1
29. 我一直致力于改进流程以获取期待的成果。	5	4	3	2	1
30. 我推动单元的服务以及 / 或者产品具有世界一流的竞争力。	5	4	3	2	1
31. 通过向单元内的其他人授权，我促进形成鼓励所有人参与其中的激励性氛围。	5	4	3	2	1
32. 我与内部和外部客户有持续、频繁的个人联系。	5	4	3	2	1
33. 我确保对满足客户期望的情况进行了评估。	5	4	3	2	1
34. 我为员工提供有助于他们适应和融入组织文化的经验。	5	4	3	2	1
35. 我通过鼓励他人为客户提供超出预期、足以让客户感到惊奇或者惊喜的服务以及 / 或者产品增强单元竞争力。	5	4	3	2	1
36. 我已经建立了一种控制体系，保证所在单元有稳定的质量、服务、成本和生产力。	5	4	3	2	1
37. 我与组织内其他单元的管理者定期协调。	5	4	3	2	1
38. 我在组织中保持常规的跨职能信息分享，以促进协调。	5	4	3	2	1

	强烈同意	适度同意	少许同意或者不同意	适度不同意	强烈不同意
39. 我使用的测评体系可以对工作过程和成果进行持续监控。	5	4	3	2	1
40. 我对所在单元的成员清晰阐明对他们的期望。	5	4	3	2	1
41. 我确保所做的所有事情都能聚焦于为客户提供更好的服务。	5	4	3	2	1
42. 我在单元内努力营造积极向上和高强度的工作氛围。	5	4	3	2	1
43. 我对最强竞争对手的优势和劣势持续追踪，并在单元内分享关于如何追赶的信息。	5	4	3	2	1
44. 我在单元内努力营造持续改进的氛围。	5	4	3	2	1
45. 我已经形成了一种清晰的战略，帮助所在单元成功实现对未来的愿景。	5	4	3	2	1
46. 在讨论个人对未来的愿景时，我激发了其他人的想象力，提升了他们的忠诚度。	5	4	3	2	1
47. 我创造了一种工作环境，同级和下属可以互相学习、共同进步。	5	4	3	2	1
48. 在他人提出想法时，我以开放的心态倾听并给予关注，即使不赞同也会如此。	5	4	3	2	1
49. 在领导团队时，我保证团队成员能够采取合作态度和积极的冲突解决方案。	5	4	3	2	1
50. 人们带着问题和忧虑找我时，我对他们的个人观点表现出理解，以此促进信任与坦诚。	5	4	3	2	1
51. 我创造了鼓励尝试和创造的环境。	5	4	3	2	1
52. 我鼓励单元中的每个人持续改进和更新他们做的每一件事。	5	4	3	2	1

	强烈同意	适度同意	少许同意或者不同意	适度不同意	强烈不同意
53. 我鼓励所有的员工对他们的工作方式持续做出小的改进。	5	4	3	2	1
54. 我确保所在单元可以持续收集关于客户需求和偏好的信息。	5	4	3	2	1
55. 我让客户参与单元的计划和评估。	5	4	3	2	1
56. 我在单元内形成了强化组织价值观和文化的仪式及奖励机制。	5	4	3	2	1
57. 我维持着对其他单元产生的信息进行收集和应对的正式体系。	5	4	3	2	1
58. 我创建了跨职能团队和任务小组，聚焦于组织的重要问题。	5	4	3	2	1
59. 我帮助员工在生活各个方面取得进步，并不限于与工作相关的活动。	5	4	3	2	1
60. 我在单元中形成了人们追求比竞争对手表现更佳的氛围。	5	4	3	2	1

管理效能自我评估表

针对问题 61 ～ 73，请您对使用这些技能的效能进行评价，在评估中使用如下量表：

5——出色

4——非常好

3——中等

2——稍差

1——糟糕

	出色	非常好	中等	稍差	糟糕
61. 管理团队（建立了工作成果好、凝聚力强、运行良好的团队）	5	4	3	2	1
62. 管理人际关系（倾听他人，并对他们提供支持性的反馈）	5	4	3	2	1
63. 管理他人发展（帮助他人改进绩效，获得个人发展机会）	5	4	3	2	1
64. 促进创新（鼓励他人创新，形成新的想法）	5	4	3	2	1
65. 管理未来（对未来愿景进行清晰的沟通，并促进其实现）	5	4	3	2	1
66. 管理持续改进（促进员工在做每一件事情时坚持持续改进的导向）	5	4	3	2	1
67. 管理竞争力（促进超越竞争者表现的进取导向）	5	4	3	2	1
68. 激发员工活力（激励他人付出更大的努力，积极工作）	5	4	3	2	1
69. 管理客户服务（促进服务和顾客参与的聚焦导向）	5	4	3	2	1
70. 管理文化适应性（帮助他人清楚了解对他们的期望以及组织和文化标准）	5	4	3	2	1
71. 管理控制体系（拥有到位的测评和监控体系，对过程和绩效进行密切跟踪）	5	4	3	2	1

	出色	非常好	中等	稍差	糟糕
72. 管理协调（跨职能边界进行信息分享，促进与其他单元的协调）	5	4	3	2	1
73. 整体管理能力（管理能力的一般水平）	5	4	3	2	1

74. 基于你的管理能力，你期望自己在组织内的事业发展到什么水平？

5——组织的最高层

4——接近最高层，仅次于CEO

3——比较高的职位，或许是执行委员会的一员

2——比当前的职位高一个层级

1——不高于当前的职位

75. 与你认识的其他所有管理者相比，你如何评估自己作为管理者的管理能力？

5——前5%

4——前10%

3——前25%

2——前5%

1——后50%

重要信息

问题 76 ～ 87 的量表有变化，请仔细阅读。为了在当前职位上取得成功，如下每一项技能的重要性如何？在评估中使用如下量表：

5——至关重要

4——非常重要

3——中等重要

2——有些重要

1——稍许重要

	至关重要	非常重要	中等重要	有些重要	稍许重要
76. 管理团队（建立了工作成果好、凝聚力强、运行良好的团队）	5	4	3	2	1
77. 管理人际关系（倾听他人，并对他们提供支持性的反馈）	5	4	3	2	1
78. 管理他人发展（帮助他人改进绩效，获得个人发展机会）	5	4	3	2	1
79. 促进创新（鼓励他人创新，形成新的想法）	5	4	3	2	1
80. 管理未来（对未来愿景进行清晰的沟通，并促进其实现）	5	4	3	2	1
81. 管理持续改进（促进员工在做每一件事情时坚持持续改进的导向）	5	4	3	2	1
82. 管理竞争力（促进超越竞争者表现的进取导向）	5	4	3	2	1
83. 激发员工活力（激励他人付出更大的努力，积极工作）	5	4	3	2	1
84. 管理客户服务（促进对服务和顾客参与的聚焦关注）	5	4	3	2	1
85. 管理文化适应性（帮助他人清楚了解对他们的期望以及组织和文化标准）	5	4	3	2	1

	至关重要	非常重要	中等重要	有些重要	稍许重要
86. 管理控制体系（拥有到位的测评和监控体系，对过程和绩效进行密切跟踪）	5	4	3	2	1
87. 管理协调（跨职能边界进行信息分享，促进与其他单元的协调）	5	4	3	2	1

基本信息

为了提供对比性反馈，请提供个人如下信息，在答题卡[①]的底部“基本信息”处标出个人答案。

1. 填写问卷的人员（你是谁？）______

（1）项目的参与者

（2）参与者的下属

（3）参与者的同级

（4）参与者的上级

（5）比参与者至少高出两个等级的上司

2. 性别 ______

（1）女

（2）男

3. 年龄 ______

（1）30 岁及以下

（2）31 ～ 35 岁

（3）36 ～ 40 岁

（4）41 ～ 45 岁

（5）46 ～ 50 岁

（6）51 ～ 55 岁

（7）56 ～ 60 岁

（8）60 岁及以上

4. 工作职务 ______

（1）副总裁

（2）总经理

（3）总监

（4）职能部门经理

（5）车间主任

（6）副经理

（7）工厂经理

① 原书该部分仅有问卷内容，未提供答题卡样式，此处为与原文保持一致，保留“答题卡”字样。——译者

(8) 调度 / 主管 / 管理者

(9) 其他

5. 工作地点 ______

(1) 公司总部

(2) 事业部

(3) 工厂

(4) 区域 / 地区

(5) 其他

6. 直接向你汇报的下属人数 ______

(1) 0

(2) 1 ～ 3

(3) 4 ～ 6

(4) 7 ～ 9

(5) 10 ～ 12

(6) 13 ～ 15

(7) 16 ～ 18

(8) 19 人以上

7. 在过去五年里获得晋升的次数 ______

(1) 1

(2) 2

(3) 3

(4) 4

(5) 5

(6) 6

(7) 7

(8) 8 或者更多

(9) 0

8. 在过去一年你基本工资的涨幅为 ______

(1) 0

(2) 1% ～ 3%

(3) 4% ～ 6%

(4) 7% ～ 9%

(5) 10% ～ 12%

(6) 13% ～ 15%

(7) 16% ～ 18%

(8) 19% ～ 21%

(9) 22% 及以上

9. 与上年同期比较，你如何评价组织单元的整体绩效？ ______

(1) 大幅降低

(2) 降低

(3) 稍微降低

（4）基本持平

（5）稍微增长

（6）增长

（7）大幅增长

10. 与世界上最强的竞争对手相比，你所在团队在过去一年的表现如何？ ______

（1）明显很糟

（2）稍微差些

（3）基本持平

（4）稍微好些

（5）明显很好

附录C

各类型组织文化变革的实施建议

该附录的目的是激发大家对能够促进组织向未来期望文化转变的活动和行为的思考。这仅仅是为了抛砖引玉，启发大家进行更有创新性的思考。通常管理者知道他们达到的目标（例如，增强委员型文化），但并不知道从何处着手——采取哪些启动措施或者首先解决什么问题。这些行动清单来自许多管理者的建议，他们实施过文化变革，但是由于每个组织各有不同，一些建议可能并不适用于大家所处的特定环境。因此，在考虑我们针对每种文化想要实现的变革结果时，选择与我们所处情形最为接近的想法。在这些建议的基础上，可以补充头脑风暴中形成的其他想法。在启动文化变革过程的初始阶段，从中选择最为有效的想法。记住，不要同时尝试过多的想法，将精力放在少数几个有效的方案上。

部落型文化

- 建立 360 度评估体系，对所有的高层管理者的领导方法进行评估。也就是从下属、同级和上级那里获取评估输入。注意，包括 CEO 在内的所有高层管理者都可以在分析数据、获取信息以及提高绩效的过程中获得帮助。
- 设计重视单元内部流动、有利于跨职能沟通的职业发展项目。
- 开展有效的员工调研项目，系统监控员工的态度和想法。建立员工团队，致力于推动调研中发现的需要做出的变革。
- 让员工参与战略规划的所有阶段。
- 设计可以增强员工引导和团建技能的项目。

- 识别群体内部长时间存在的冲突。分析这些冲突，并设计系统的干预措施。
- 对与员工多元化相关的流程进行评估和优化。
- 检测驱动中层管理者行为的期望体系。调整激励措施，让中层管理者可以在行动中拥有更多授权，采取更具创新性的方式。
- 作为授权过程的一部分，将工资上调和预算编制权力下放给较低的管理层。
- 保证拥有到位的、有效的继任计划。
- 为中层管理者设计培训项目，让他们更好地理解组织的战略压力，知道如何改变自身角色才能让组织变得更有效。
- 激活员工荣誉体系。向管理者授权，让他们拥有资源，可以对付出更多者给予奖励。
- 实施让员工有选择权的福利项目。例如，在一定的限额内，让员工选择期望水平的医疗、牙科、人身和残障保险。
- 建立内部大学——具备全面的教育功能，拥有系统的培训战略，可以满足单元内各个层次的教育需求。
- 在每个单元内开展培训需求评估，区分优先次序，并设计项目满足这些需求。让单元内的人员参加培训。
- 要求所有未参加培训人员的主管领导书面汇报缺席原因，以此提高培训的参与度。
- 通过举行每天 15 分钟的全体管理人员会议建立跨职能团队工作机制。内容为识别需要在各单元之间协调的事宜，并在会后解决。

- 通过创建运营规划小组建立跨职能团队工作机制，制定每天的工作计划并对未来三天的工作进行展望。

- 高层管理团队每月举办一次“跨职级”会议，包括不同业务单元的群体和低职级的员工，发现问题并提出更好的跨职能协调建议。

- 持续监控一线主管的问题，表现出对他们的关心。确保他们获得的薪酬高于其下属。

- 通过减少直接监督一线主管的领导层级数量为一线主管授权。详细说明所有需要履行的职责，提供必需的培训，并向一线主管授权，让他们制定关键决策，对紧急需求快速做出反应。

- 彻底变革绩效评价体系，把下属对上级的绩效评价作为主管和管理人员绩效评价的一部分。

- 改进支撑工作和直线运营之间的关系。让导师帮助每一个支撑团队找出自己在提供支撑方面的优势与不足，改进支撑工作。帮助直线团队找出他们对支撑工作的关键需求。为这些群体召开系列会议，对他们的关系进行探索并对并肩作战形成新的期望。

- 增强员工建议体系的有效性。寻找其他组织的最佳体系并建立标杆，更新我们当前的体系。

委员型文化

- 分析组织能够体现重视委员型价值观的关键价值观。鼓励对管理未来给予更多的关注。

- 对当前的使命表述进行深刻分析。它是否提供了认知或者情绪方面的引导？它能激发创造性方案吗？

● 实施跨度为五年的计划制定过程，包括制定短期计划和长期计划。注意领会该计划制定过程延伸了对当前的假设。

● 从等级型结构转变为灵活的结构，强调速度和敏捷性。

● 找出公司内出现的重要的、大家关心的问题，运用“统一声音”的做法让一位拥护者负责一件事情。

● 利用所有与客户的接触点预测客户需求，并寻找超常满足这些需求的方法。

● 形成由一线人员组成的工作小组，制定扩大市场、开发新业务的策略。

● 广泛阅读关于持续改进的资料，找出其他地方正在成功开展的工作。

● 举行一次会议，找出变革型领导力与业务型领导力之间的差异，探索两个概念对团队开展变革的启发。

● 让所有的专业部门参与新服务和产品设计的第一步。保证有顾客在场。

● 设计可以鼓励、测评和奖励各层次创新行为的体系。

● 将公司作为社区的一员，对其行为进行全面充分的评估。公司带来了什么问题？做出了什么贡献？寻找可以改变的机会。从局外人的角度看待这些问题。

● 策划一个关于创造和实施变革的阅读项目。

● 探索围绕外部驱动的任务而非当前内部职能开展组织工作的可

能性。研读关于流程优化和组织重构的书籍。

- 安排一个人阅读关于组织学习这一概念的文献。判断我们的单元是不是有效的学习型组织。做出改变，增大我们的组织更有效地学习的可能性。

- 让所有的员工参与一项包括创造性思维实际应用、增强应对能力的战略因素以及组织创新基本原则等内容的培训项目。

- 让 CEO 与中层管理者开展焦点小组访谈，明确他们是否理解公司的方向。收集他们对如何让方向更为清晰的建议。

- 探索使用新技术，尤其是新的信息技术，以便有更多的信息来源产生新的方案。

- 从为顾客提供所需要的转向为顾客提供他们喜欢的，提供的产品和服务出人意料地解决了问题，从而为顾客制造惊奇和惊喜。

- 记录组织中的领导者在确定组织未来的定位和处理眼前问题上分别投入的时间。

- 组织表扬活动或者内部“交易展会”，让员工展示他们新的、尚不成熟的试验性想法。重视试错学习。

- 设计显现化的奖励，对员工、团队和各业务单元的创造力和创新予以认可。不仅对好的想法给予肯定，还开展组织性和支持性活动，使新想法得以发展和采纳。

市场型文化

- 对公司层面的愿景、价值观、总目标、阶段性目标和测评进行思考。制定业务单元自己的愿景。按照你认为 CEO 会在公司层面采用的方式实施。

- 对于顾客接触的流程以及从顾客处获取的信息在整个组织内部的传递进行检查和重新设计。
- 考虑特殊顾客群体的需求，寻找新的满足方式。例如，对于老年人，可以将账单与上月收入匹配。
- 检查当前对市场做出反应所需的时间并与竞争者比较。寻找在反应时间方面更具竞争力的方式。
- 通过与市场联系最紧密的人召开探索性的焦点小组会议来分析市场的变化。
- 研究竞争者的最佳成果并与员工分享，寻求怎样才能更具竞争力的建议。
- 制定绩效改进计划，要求每位员工提出与提高利润、生产力、质量和应对能力直接相关的建议。
- 召开会议让投资人熟悉战略计划，与重要的管理人员会面。
- 评估所在业务单元的人员对具有更全面视角的需求，提供机会让他们扩大视野，有更加全面的观点。
- 设计合理的公司支持项目。跟踪外部与自身组织接触并期望获得益处和支持的企业。为外部符合组织价值观体系的企业提供支持，建立互惠互利的伙伴关系。
- 雇用外部的市场调研公司调查顾客满意度。评估自己的员工在礼仪、能力和关心顾客方面展示出的水平。

- 开展关于顾客联盟这一概念的实践。与最大的顾客建立合作项目。提供机会让他们以合作伙伴的方式为决策制定过程提供输入，获得共同的财务利益。

- 与所有的管理者开展一次对话。将务实的总结回顾和能测评、有负责人的改进措施结合在一起。

- 与顾客开展焦点小组访谈，了解他们对当前服务和产品的期望以及满意度。

- 增强顾客对组织正直性的认识。设计顾客教育体系，帮助顾客在充分了解我们提供的服务和产品的基础上做出选择。

- 分析自身组织的能力并与可以预期的未来需求进行比较。设计能力提升项目。

- 设计评估方案，评价每个业务单元对组织整体竞争力的贡献。基于评价，建立让每个业务单元对整体竞争力做出更大贡献的体系。

- 创建一个体系，让所有的顾客需求和问题可以通过一个接触点、一个电话得到全部解决。

- 评估自身单元对公司战略合作工作的贡献。

- 在变革工作中使用具有竞争力的标杆。让人们了解其他地方正在开展的最佳实践。

- 强化利润中心的概念。强调每个业务单元包括职能单元承担的利润责任。

- 提升绩效评价中使用的标准。大胆淘汰所有的绩效欠佳者，并通报所有绩效表现欠佳的业务单元。

- 成立一个小组来评价核心业务的成长空间，找出潜在的、新的高速增长领域。
- 申请鲍德里奇国家质量奖（Baldrige Award）或者ISO9000，或者参与类似的活动，让内部的流程接受外部评估和评价，以促进整个组织不断发展。
- 实施全面质量管理体系。
- 开展研究以明确如何才能更好地限制未来退休人员的债务。
- 安排一个人阅读当前关于竞争者情报的文献。让此人对业务单元的竞争者情报工作机制做出评价，并提出合理的变革建议。
- 制定尖端的目标——积极的总体目标和具体目标，体现原来从未达到的绩效水平。

等级型文化

- 检查从顾客提出对服务和产品的需求到实际交货之间的时间。重新设计体系让时间减半。
- 开展年度审计，确定所有的测评和财务体系是否聚焦于组织的期望结果而非当前实践。
- 设计评估体系，让顾客反馈可以对组织实践产生直接影响。
- 未来五年每年降低成本5%。
- 评估每个业务单元的实践和过程。建立测评标准和方法，保证责任到位。
- 考虑采用可以减少书面工作，让业务单元朝着无纸化组织迈进的技术。

- 思考组织的“最优规模”。不要只是考虑减少组织人员数量，在需要时准备好增加人员。

- 策划“工作出清”项目。尽管员工数量可能减少，但工作量通常保持不变，甚至可能增加。将工作移到体系之外。

- 增强组织内的信息流通能力，尤其是在高度紧张和存在危机的时期。

- 选择最基本、最常见的运营任务，并思考通过去中心化降低成本的技术可行性。

- 检验通过开展准时制实践实现更有效的库存控制的可行性。

- 开展健康与安全审计。设计评估和改进健康与安全的体系，并组织年度审计，对所有的实践进行密切监测。

- 安排一名项目经理，让他负责建立一个通用的体系，让所有部门可以接收到来自组织内部任何地方的信息。

- 通过将可以由各个业务单元履行的集中的职能转移到各个业务单元，缩短生产周期。考虑使用桌面出版系统。

- 改进预防性维护项目。

- 如果高层管理者花费大量的时间审批知之甚少或者金额小的费用，那么改进流程让较低层级的人有最终的审批权。

- 采用流程优化审计。将结果与行业标准进行比较。分析其他地方使用的最佳实践。

- 对影响组织的干扰因素进行评估。制定危机预防和应对计划。

- 对所有业务单元的地理位置进行分析，并与内部客户关系分析情况进行比较。思考什么改变能够促使内部客户之间更加协调。

- 建立实时审计团队，针对组织内部的最大项目开展工作。这些团队在决策制定时进行审计而非决策制定之后很久才进行审计。
- 确定所有信息系统的年度运营成本，确定是否每一美分的投入都物有所值。
- 每年设定一个新电脑禁购期。利用这段时间发现如何更加有效地为电脑分配资金。
- 评估预算过程与资源计划过程关联的程度，并做出合理的改变。
- 与一家运维商合作，降低成本，满足组织内所有电脑的维修需要。
- 评估现行每一项公司政策和程序的影响。提出合理的精简建议。
- 加强内部沟通，更加有效地告知人们有关事件、活动和项目的信息。为这样的体系采用最新的技术。
- 如果高层管理者的行为不能契合公司倡导的价值观，那么无论他多么成功，都要裁掉。
- 每五年开展一次全面的公司设备资产库存清查工作。每一次都要采用最新的技术改进流程。
- 将集中化的公司进行权力去中心化，让每个业务单元或者工厂都能控制其内部的所有预算。

附录D

改进个人管理能力的建议

如果大家期望改进如图 6－1 所示的各种文化类型主要技能方面的管理能力，本附录中的建议会大有裨益。该清单的目的在于启发大家的想法或者作为管理技能调查中题项的补充。该清单不可能覆盖所有内容，或许只有一两条与我们的工作相关，但是它们可能会激发我们产生新的想法。在制定个人改进计划时，我们要想办法在履行个人管理职能时实施这些建议。

部落型文化象限

管理团队

- 为团队制定清晰的全局性目标或者愿景。清楚地识别团队的使命。
- 树立明确的、团队可以实现的整体目标和具体目标，设定截止日期。
- 组织一个非正式或者扩大会议，启动团队活动，阐释使命，厘清角色和期望，增强团队成员的凝聚力。
- 制定团队定期会议的计划。
- 诊断团队的发展阶段。在不同的阶段，最为有效的领导角色各有不同（例如，在早期需要做更多的决策，之后则需要更多的授权）。

● 理想的团队规模为 5 ～ 9 人，这取决于任务的复杂性以及所需的信息。努力维持团队成员的稳定性，并保持人员数量处于该范围内。

● 让团队中的所有成员了解所有相关的信息。

● 保证沟通顺畅，为非自愿加入的团队成员提供支持，与他们交流想法，不要让任何一个人或者一种观点主导会议，要求团队成员提出尖锐的问题。从每一位团队成员那里获取输入。

● 澄清每位团队成员应该发挥的作用。关注任务角色、过程监控角色、整合者角色等。

● 明确每位团队成员为群体带来的资源，并确保所有成员可以获取这些资源。

● 在跨职能团队中，让每位成员所在的业务单元了解团队的进展。这将有助于提升团队成员的信誉度、赢得支持并减少出人意料的问题。

● 支持开展非正式的活动以增强团队凝聚力，例如下班之后的聚会，举办邀请配偶和伴侣参加的会议，庆祝团队成员的生日。

● 保证团队成员可以很容易地获取问题答案，信息传递顺畅，激发员工的兴趣和参与热情，为适宜的行为树立榜样。

● 在团队会议中做一名好的倾听者。如果你在领导一支团队，那么避免预先表明个人观念和观点。在陈述结论或者个人观点前征求他人的意见。复述他人的评论以确保你已经理解，尤其是当他人对你的观点表示异议时。

● 在团队会议中要不断提醒团队成员关注目标、目前达成的共识以及尚待完成的事情。

- 当团队成员存在不一致意见或者团队发生冲突时，不要支持其中一方。避免将之变成针对个人的事情，聚焦问题，明确冲突的性质，直接处理，并帮助团队寻找其他的解决方案。
- 向团队成员寻求反馈，你做的哪些事情促进或者阻碍了会议的有效进行。
- 支持拥护你的团队成员，尤其是他们不在场时。在公开场合表扬他们。只在私下里纠正他们的错误。

管理人际关系

- 与同事召开一次会议，反思从调查问卷中获取反馈的意义。
- 每天至少一次向与我们一起工作的同事表达赞美和感恩。
- 向你管理的人员表达个人的关心，告诉他们你对其努力的肯定，给他们留下便条或者告诉他们的配偶或家人他们对组织的价值。记住员工生日、节日以及其他特殊的场合。
- 清楚你对同事的绩效期望。这样做，他们不会为不确定性感到沮丧，你也不会因为他们没有按照你期望的方式工作感到失望。努力降低关系中的模糊性。
- 通过让你的行为、语言与感受和想法彼此呼应，在人际交往中保持表里一致、始终如一。避免不可告人的目的或者虚伪。
- 让与你一起工作的人更容易找到你。你不需要随时在场，但是他们存有疑虑、产生问题或取得成功时，可以在某个时刻找到你。
- 向与你一起工作的人询问两个问题：（1）自己做的哪些事情为

他们带来了最大的烦扰，为个人的成功产生了阻碍？（2）自己可以做哪些事情改善与他们的关系？做好准备认真倾听，提出问题以便充分理解对方，努力朝双方都满意的方向改进。

● 在与他人的交往中，询问关于他们及其兴趣的问题。多讨论对方，少讨论自己。找出对方做过的让他们感觉良好的事情。

● 开展走动式管理实践。视察下属的工作场所。

● 同与你有冲突或者留有不好印象的人直接接触，而非排斥他们。与他们讨论时，一开始围绕中性的、关于目标的话题，之后可以转向人际方面的问题。

● 站在同事的立场思考问题。想象他们对你的期望。同事希望你做出哪些改变？

● 当他人与你说话时，认真倾听，保持眼神交流。如果自己对什么事情可能产生了误解，复述自己认为听到的内容。

● 在与他人讨论顾虑和问题时使用多种反应类型：思考、探寻、安慰、理解、指导等。在给出建议或者表达观点之前收集信息并加以理解。

● 在存在问题或者不同意见的情况下，开展支持性的沟通，更多地进行描述性的沟通而非评价性的沟通。换言之，描述目标、发生的事情、你的反应或者结果是什么，以及你建议的解决方案。

● 通过帮助和你一起工作的人增强个人能力，增加他们的选择权和安全感，以及他们对工作场合的信任，向他们授权。

● 将教练和顾问的情境区分开来。在教练的情境中需要提供建议、指导和信息，因为存在有关能力或者理解的问题。在顾问的情境中需要给予支持、表达理解、进行激励，因为存在有关态度、个性和情绪的问题。

管理他人发展

- 为观察、评价下属和为他们提供指导留足时间。清楚他们对自己绩效水平的期望，以及组织对他们的期望。帮助他们超出预期。
- 与下属一起建立符合 SMART 原则的目标——具体（specific）、可测评（measurable）、与组织使命一致（aligned to the organization's mission）、可以达到但仍有一段距离（reachable but still a stretch）以及有时限（time-bound）。识别出他们实现目标可以采取的措施——定期汇报和问责体系，并为实现目标提供奖励。
- 在向他人布置工作时，遵循有效的授权原则：（1）清晰完整地授权；（2）让他们参与决定哪些需要授权；（3）权力与责任要匹配；（4）在既定的框架内开展工作；（5）给予充分的支持；（6）为结果承担责任；（7）授权要保持一致；（8）避免向上授权。
- 为希望促进他人具有的行为类型塑造范式。树立榜样，帮助他们了解如何通过展示得以改进。
- 赞扬和你一起工作的人所获得的成功。寻找值得表扬的事件、成就和特性。公开赞扬。
- 提供机会让他人进行展示、组织会议，或者为他们提供具有关注度的任务。

● 保证下属的工作具有以下五个特征：（1）任务多元化；（2）任务同一性；（2）任务重要性；（4）自主性；（5）反馈。

● 保证下属得到充分授权。也就是说，帮助他们形成自我效能、自主决定、自我控制，有意义并得到信任的感受。

● 鼓励和支持下属冒险。当他们尝试新事物失败时，不要惩罚。培养他们乐于尝试改进事物的意识，但也要确保他们从失误中学习。

● 定期为下属提供关于他们工作绩效和你对他们的感受的反馈。因为只有接受者才能判断需要多少反馈，定期询问下属他们是否从你这里获取了充分的反馈。

● 为下属提供学习新任务的机会。丰富和扩展他们的工作，让他们学习新技能以承担更大的责任。

● 让学生做老师。保证下属不仅可以了解新事物，还有机会讲给其他人听。当把学习的内容传播给其他人时，学习会变得更有意思，也更加有效。确保下属有机会进行讲授。对掌握更多的知识、更高的技能和更广泛传播信息的人给予奖励。

● 为下属提供了解自己所承担工作的机会。帮助他们了解比自己当前的职位高一级职位的相关责任。

● 列出每位下属的优势与不足。提供可以帮助弥补不足的经验和培训。分享你的成长建议，并帮助他们实现目标。

● 为下属提供对你进行评价和彼此评价的机会。让他们找出最重要的标准、他们观察到的绩效水平以及改进建议。如果你要求下属明确标准并评价目前达到的水平，可以促进他们成熟并提高洞察力。

- 把帮助别人提高绩效水平作为你的头等大事。

委员型文化象限

管理创新

- 制定一个象征性的惩罚系统，当组织中的人们使用扼杀创造力的话语，比如“我们已经尝试过它”“它不可能有用”“这与政策不符”“老板不希望是这样的”时，进行惩罚。

- 制定目标，让人们为建设性的创新想法负责。令之成为每个人工作描述的一部分。

- 广泛阅读与你的专业领域没有直接关系的其他领域的东西。与人们交谈他们的想法以及他们正在思考的内容，而不仅仅是结果和后果。在开始对话前，你可以询问“你最近在学习什么?”来积极寻求新想法、新思想和新观点。准备一个笔记本或者一张卡片，记录你听到的有意思的想法。

- 在工作场所组织想法分享会或者想法融合活动，比如内部交易展示会、跨职能工作组、专题研讨会或者焦点小组讨论，解决如下问题：“什么是新想法?”“自己一直在思考什么?”“有什么自己并不期望他人能够解决的问题?”

● 建立一个与日常工作相对独立的实践场所，可以在这里尝试新的想法，开展低成本的试验。这就可能包括实际的场所、假期或者其他资源。

● 形成一个团队和工作小组，在这里少数人的正式报告可以备案，至少安排一个人寻找其他视角或者群体建议的例外情况，也可以是产生差异的其他机制。

● 定期密切监控顾客的期望、抱怨以及偏好。拒绝把失控视为不可接受的或者难以忍受的事。使用他们的想法激发不同的工作方式。不以借鉴想法为耻。

● 不仅要奖励想法的拥护者和产生新方法的人，也要奖励支持者或者这些想法和方法产生者的导师，以及帮助这些想法在大范围内得以传播和实施的协调者和促进者。成功的创新需要三种角色全部到位：想法的拥护者、支持者和协调者。

● 鼓励下属之间进行行动学习。先尝试，然后分析从失败或者成功中学到的东西。不要等到确认必定会成功后再采取行动。

● 最佳的棒球击球手成功的概率为 33%。如果你真的期望创新，思考一下你能否对下属有更多的期望。营造一种让人们愿意尝试失败并承认失败的氛围。

● 从一起工作的人那里获得反馈，了解阻碍他们创新的因素。

● 让其他人看见成功。即使是小的成功也要给予表扬。提供一种方式，让成功的新流程或者新产品的参与者从自己的创新中获得奖励。

● 不仅要鼓励和奖励大的变革和显现的创新，也要奖励小的、积累的和持续的优化。不仅要关注大的改进，也要关注虽小却显示一直在改进的现象。

- 更多地关注工作是如何完成的而非完成的任务内容，强调新的工作方式。构建流程图，找出其中的冗余、不相关以及不增值的工作。首先要鼓励改变工作方式，工作内容的改变自然会水到渠成。

- 在思考一个难题时，多问“为什么”，至少连续问五次。这样会督促你寻找问题的根本原因，形成解决问题的新想法，从而避免只解决表象而非核心问题的情况。

- 以试点的方式解决问题。不要试图让整个组织发生颠覆性改变，除非你已经在小范围内进行过试验。

管理未来

- 与直接下属在工作场所之外举办一次会议，描述愿景，澄清用词和关键原则，并形成实现它的主要策略。让所有的关键人员参与其中并认可它。

- 列出可能会阻碍你实现未来目标的因素。什么是你取得卓越成功的拦路虎？现在重新思考清单上的每一个要素，将每一个障碍视为可以克服的挑战。如何将这些障碍变成机会？

- 跟踪所在行业和领域的未来趋势和预测。监控竞争对手正在发生什么，不仅仅是区域内的竞争对手，包括全球的竞争对手。每个月花一些时间思考一下十年之后的事情。不要陷入机械的短期思维。

- 找出一些有可能在某个行业或者领域引领潮流的组织。它们不一定在你所处的行业或者产业。基于自己的观察，预测所在组织的未来。如果成为一家世界领先的企业，你的组织需要成为什么样的？

● 在形成组织愿景以及制定实现愿景的战略的过程中，让他人参与进来。设计组织愿景不应该是一个人的事情。获取关于愿景陈述的反馈，征集关于如何实现该愿景的想法。

● 写出一个个人愿景。清楚地写出你感兴趣的事情以及作为管理者你想留下的宝贵财富是什么。五年之后你想去往何处？（这与组织的愿景陈述是不同的。）

● 让你的生活成为个人愿景原则的最佳例证。实践你自己写过的内容。言出必行，不要徒有虚言，成为你想要别人成为的样子。

● 组织中有哪些故事或者实践可以说明你的未来愿景？将这些富有激励性的故事传播出去，并且经常重复。让它们成为定义组织内部成功的“民间传说”。

● 频繁地、持续地以多样化的方式表达你的愿景。每次公开演讲一定要以某种方式沟通你的愿景。通过洪亮的声音表达出来，以书面形式写出来，用行动表现出来。

● 为下属提供机会，让他们成为传递愿景的老师。精心安排机会让他人阐述、解释你的愿景，让他们承担起将愿景传递给其下属的责任。

● 在传递愿景的过程中，一定要尊重过去。在创造新的未来时不要诋毁或者抛弃过去的优势与成功。同时要做到让别人认为你的愿景是在向前发展，选择了新的方向，而非维持不变。

● 让你的每一位下属、组织的每一个业务单元都有自身的愿景陈述。每一个愿景陈述都应该与组织整体愿景的基本原则和价值观保持一致。但是，业务单元和个人的愿景需要具备该业务单元和个人独特的属性，反映其使命。

● 确保组织的愿景陈述文字简单、直白明确，句子简短易记，同时也要使用夸张和充满热情的语言。愿景的语言需要抓住下属的心。它应是方便记忆的，而不是矫揉造作的，也不是宣传语。

● 开始时，邀请员工挑战愿景并进行修改，但是之后要忠诚于此。给人们授权，让他们把愿景作为行动指南，采取独立的行动。

● 为人们提供机会，让他们在公开场合表达对愿景的承诺。人们越是公开表达自己的决心，就越有可能致力于此。为下属提供机会，让他们引导别人认识愿景，在展示中对此进行解释或者在别人面前为愿景的原则做出辩解。

管理持续改进

● 对改进做出测评，而不仅仅是将之作为任务或者目标达成即可。

● 建立奖励体系，认可和赞扬改进，而非仅仅正确地工作。

● 在所有的工作描述中清晰地写出期望：形成改进工作的想法是一项永无止境的职责。人们不仅要完美地工作，还要对之加以改进。

● 制定建议制度，在 24 小时内要对建议提供反馈。即使对建议进行评估和实施后认为该建议没有带来改进，也要给提出建议的人做出反馈。

- 即使是节约了一秒钟或一分钱的改进，也要认可。任何改进不会因为太小而被认为不值得重视。
- 在阐述业务单元的愿景时一定要把持续改进作为一个关键特征。
- 让你和下属抽出一些时间来思考、分析和考量。摆脱日常快节奏的安排，以便形成改进现状的想法。
- 相对于产品和结果创新，过程创新更受重视。
- 确保每个人都是自己的监督者和检查者。所有的错误都需要由犯错的人改正。保证每个人都可以获取关于错误的反馈，从错误中学习。
- 奖励和认可改进趋势以及重大的想法。确保人们可以从小的成功中得到回报。将结果公开。
- 让员工、顾客可以简单方便地提出申诉和建议。树立信息输入越多越好的观念，积极从员工和顾客那里寻求改进的想法。
- 为顾客提供他们想要的，不仅第一次要这样，而且要从一而终；然后努力超越这些期望。用从未想到或要求的服务令顾客惊奇和惊喜。
- 对组织中的每个业务单元定期审计，寻找改进的方式。采用跨职能团队，甚至引进外部人士，新鲜的视角有助于产生新的想法。
- 将过去的绩效作为衡量成功的标准。如果你是企业最佳成员，就用外部标准替换内部的作为改进标准。
- 一直对人们的工作、想法、改进和努力表示谢意。
- 每天都要询问顾客的需要，永远不要间断，坚持不懈的询问会产生持续不断的想法。

● 在你的生活中树立持续改进的榜样。找出个人生活以及工作中可以持续改进的地方。言出必行。

市场型文化象限

管理竞争力

● 跟踪最强竞争对手的表现情况。阅读行业期刊、商业读物以及最新的剪报。考虑聘用研究人员常态化地收集所在行业或者产业中其他公司的绩效和战略。

● 将全球最佳组织的最佳实践作为学习标杆。它们的做法与你的组织存在哪些差异？它们未来计划做些什么？哪些重要成功因素使他们取得了当前的成就？

● 找到学习组织内部其他业务单元成功经验的方法。开展讨论，人们一起午餐，阅读其他业务单元的内部期刊，明确自身的优势与不足，采纳新的想法。

● 找出自身业务单元的核心能力以及战略优势。是什么让你的组织与众不同？哪些能力是组织生存的血液：所有的关键员工对此形成了共识，构成了组织的战略，并且是组织在竞争中获胜的原因？

● 开展正式的 SWOT 分析，列出优势、劣势、机会和威胁。让下属和关键客户参与该分析过程。

- 对于你的产品和服务，只能接受一流的质量。你要传递的信息是如果这不是尽最大努力的成果、最成熟的思考结果或者最佳的想法，那么将不被接受。

- 明确清晰的优先次序。并不是所有你能做的事情都能带来价值。确保最重要、优先级最高的事情可以为最终顾客带来增值。

- 缩短产出时间，提升时效性。找出瓶颈、多余的审批环节、体系中的冗余和滞后。消除、重新设计或者改变拖延进程的内容。

- 画出组织内部所有关键程序的流程图。让每个人参与到流程图的绘制中。为每个人布置减少步骤、至少提速 20% 的任务。

- 确保组织中的每个人都可以说出三个最重要客户的名字。

- 明确以下工作需要的时间：（1）开发新产品；（2）制定重要决策；（3）生产单位产出；（4）对顾客申诉做出处理；（5）找出失误的根本原因。然后将时间缩短一半。

- 为顾客提供他们想要的，不仅第一次要这样，而且要从一而终；然后努力超越这些期望。用从未想到或要求的服务令顾客惊奇和惊喜。

- 预防失误的发生，而不要在它发生后再去寻找和修正。确保所有员工均能理解和使用统计管理工具，实现质量目标（SPC、帕累托图和试验设计）。

- 持续收集绩效的负面信号，如申诉、召回、退款、保修成本、替换、重复服务、退回、不满、员工申诉和缺勤。将减少这些负面信号作为日常工作。

- 不断努力缩减组织规模。这并不是要减少人员数量，而是要寻找减少资源需求、降低成本、提升效率的方式。

- 庆祝成功。据说文斯·隆尔巴迪[①]（Vince Lombardi）问过一个问题："如果获胜不重要，为什么还要记下分数？"通过热情地庆祝胜利，即便是小的成功，向人们强调必胜的态度。
- 偶尔尝试与你的竞争对手开展交易。找出他们比你优秀的地方。

激发员工活力

- 确定所在业务单元的人们最期待的奖励和激励。建立激励制度，包括经常给予非金钱奖励。
- 减少员工创造绩效和收到反馈之间的时间差。即时的认可远比滞后的奖励有效。
- 认可和表扬小的成功。
- 持续、公平地进行惩罚，通常将之作为一种培训和发展经历。以绩效与标准之间的对比作为惩罚的基础。永远不要以个人特征或者不可控的特性（如年龄和性别）作为惩罚依据，而且永远不要在公开场合进行惩罚。一定要更多地强调学到的经验而非做错的事情。
- 鼓励下属积极进取、获得成就，彼此促进，以求更有成效。尝试开展内部竞争和限时竞赛。确保这些工作一直围绕着组织目标进行，不要针对个人，要保证他们受到了公平的对待。
- 选择组织内部可以帮助提升新人努力程度和绩效水平的人担任导师。导师需要持续推进更高绩效的实现。

① 文斯·隆尔巴迪是美国具有传奇色彩的一位足球教练。——译者

- 为下属制定符合 SMART 原则的目标——具体、可测评、与组织使命一致、可以达到但仍有一段距离以及有时限。识别实现每一个目标需要采取的行动措施、落实责任应采取的步骤、成功的标志、实现目标的时间框架以及目标的成功实现带来的利益和奖励。

- 员工和以你为方向的人在场时，要保持积极的态度。组织内的正能量高度依赖于领导者的情绪和行为。

- 成为管理对象的啦啦队队员。在外人面前支持他们，促进他们取得成功，认可他们的成就，像家人一样对待他们。

- 减少关于组织期望到达的地方以及原因的模糊性。在描述愿景时具体明确。

- 定期询问下属如下问题："你的工作开展得怎么样？""你最喜欢什么工作内容，最不喜欢什么地方？""我如何帮助你取得成功？""我们的组织有哪些可以改进之处？"

- 开展走动式管理。经常出现在员工面前，让他们可以找到你。

- 确保安排给下属的工作有以下几个特点：（1）技能多元化；（2）任务的可识别性（对一项完整的任务或者所有的任务负责）；（3）任务重要性；（4）自主性；（5）提供结果反馈。

- 通过为员工提供如下帮助增强员工的能力：（1）拥有更多可以获取所需重要信息的渠道；（2）增加工作的灵活性和裁量权；（3）在组织具有更高的存在感；（4）可以更清晰地看到工作产出的重要性。

- 对下属的能力表现出信心。如果能力存在问题，给他们提供指导。

管理客户服务

● 建立评估客户需求和期望的程序，包括在业务单元内外部。持续收集这些数据，而不是一次性的。客户的期望一直在提升，需要对变化和趋势进行监控。

● 在交付产品和服务后，持续跟踪满足客户需要和期望的情况。

● 在某些时候提供机会，让每位员工可以与外部客户进行面对面沟通。

● 消除没有给客户带来回报的活动。如果某项措施没有改进服务、为产品增加价值或者产生客户忠诚度，就不要实施。

● 明确谁是最重要的内部和外部客户。保证所有员工清楚谁是其最重要的客户。

● 将客户服务作为所有员工绩效评估的一项关键指标。对每位员工的客户服务绩效做出评估并进行奖励。

● 让客户可以简便地进行投诉。事实上，大家要主动去寻找投诉。了解得越多，大家就能为客户提供越好的服务，也越有可能满足和超出客户的期望。

● 每天都要向组织内的一些客户征求意见，了解你现在做得如何，他们喜欢以及不喜欢什么，你是否满足了他们的期望，等等。

● 要坚持不懈地找出客户满意或者不满意的原因。不要仅仅停留在了解客户的满意度水平，要弄清楚为什么是这样的水平。

● 如果出现了失误，就需要付出更多的努力纠正。每次都是如此。

● 赋予直接面对客户的人员更多的权力，让他们可以当场解决客户的问题。减少上级审批，除非信息的收集以及资源的获取超过了负责联系客户的员工的权限。对员工进行培训，让他们可以做出有利于客户的决策，但同时也要避免令组织破产。

● 偶尔从竞争对手那里买些产品回来，看看能学到什么。同时也要从自己的组织里购买产品，看看又可以学到什么。重点是改进与客户接触有关的方面。

● 为客户提供培训，了解他们在与你所在企业进行交易时期望得到什么。要清楚你能提供什么，不能提供什么。告诉他们你所在企业的经营之道。识别好的客户，向他们致谢，为他们提供额外的东西。

● 能欣然接受偶尔被客户利用。即使客户是错的，如果我们能给予他们想要的，就能形成客户忠诚度，并在整个组织中传递清晰的信号。鉴于 99% 的人都是诚信的，不要浪费资源保护自己，因为只有 1% 的人是不诚信的。

● 如果你不会为一项服务收取朋友的钱，那么也不要为此收取客户的钱。

● 从潜在的客户那里收集信息，特别是以前的客户。在有机会为人们提供服务之前，了解他们的喜好和期望。在客户选择接受其他人的服务之后，寻找原因，认真倾听。

● 对交易最频繁的客户进行奖励。

● 对最佳客户服务提供者进行表扬。将客户服务作为员工评估制度的一个关键部分（这意味着下属也要对老板做出评价）。

• 用对待外部（最终）客户的方式对待内部客户（员工）——采用极好的方式。

等级型文化象限

管理文化适应性

• 当人们加入你的业务单元时，与每个人见面，说明对他们的期望并解答疑问。

• 确保所有的员工均能获得正式的入职系列培训，包括传统、价值观、愿景和组织战略。让高级管理人员以及同级人员都能参与该入职培训。

• 形成一套标准的流程和政策并打印出来，帮助每个人了解在业务单元内部如何完成工作。保证人手一份。

• 为员工提供轮岗机会。帮助他们学习如何开展更多的工作而非其主要的一项工作。帮助他们跳出自己的专业领域。

• 让员工参与跨职能和跨层级团队，帮助他们从多个方面了解组织。

• 确保下属拥有成功所需的所有信息。告诉他们组织内部正在发生的事情。即使没有要求也要把相关信息（例如期刊文章、备忘录、新闻简报或者绩效测评方法）提供给他们。

• 持续地、定期地为下属提供关于其工作绩效的反馈——他们的优势以及不足。

- 帮助下属减少信息的模糊性和复杂性。澄清或者理解让人疑惑的数据。

- 为业务单元的人安排丰富的社交活动。让家庭成员或者伴侣一起参加。寻找途径联络和组织有关的非正式角色。

- 确保所有员工知道他们为什么做正在做的事情，它是如何与较大的体系匹配在一起的，以及它对顾客产生的最终影响。

- 帮助员工勾勒其角色和责任地图。确保他们理解自己在组织中的位置。帮助他们识别其责任的空白点和重合区域。

- 让他人参与到组织愿景陈述的形成过程中。让他们参与制定实现愿景的战略。从他们那里了解关于愿景陈述意义的反馈，并了解他们关于如何才能最好地实现愿景的想法。

- 让所有下属写出个人愿景陈述，让他们清楚说明让自己充满热情的事物以及自己想要留给组织的宝贵财富。他们在五年后想要到达哪里？

- 建立针对经验不足的员工和新员工的导师机制。任务可以是正式的也可以不是。导师的任务是帮助他们适应，监督和帮助他们改进，并帮助他们清除成功道路上的绊脚石。

管理控制体系

- 建立监控体系，可以了解自己的业务单元每天在关键绩效指标方面的表现。

- 建立所有关键资源（金钱、时间、任务安排、经验等）的预算。识别这些关键资源分别是如何配置和消耗的。

- 分析你所在业务单元产生的重要报告，以及为业务单元形成的重要报告，带着审视的眼光保证它们的精确性和有用性。

- 使用理性的、分步式的方法对业务单元内部的问题进行界定、分析和解决。例如：（1）完整地定义问题；（2）找出问题的根本原因；（3）形成可供选择的解决方案；（4）分析每种方案的优点；（5）选出最佳方案；（6）实施该方案。公布实施程序（无论选择哪一种），并保证它在整个组织内得以实施。

- 明确组织将要实现的整体目标和具体目标。确定判断成功与否的具体测评标准。

- 向为绩效负责的人提出棘手的问题。在确定具体建议时至少询问五遍原因。明确其基本假设是什么。为了保证某项建议是正确的，我们需要哪些信息？寻找信息。

- 坚持记录个人事项和组织历史。记录重要的事件、观点、学到的经验、取得的改进和成功，以及绩效的关键标准。

- 画出组织所有关键程序的流程图。让所有涉及的人员参与该过程，分析重合之处、不增值的工作、成功的阻碍以及需要改进之处。

- 确保拥有关于业务单元内所有可使用人才、资源和专业经验的记录。明确每位员工的优势和不足。

- 组织内的每项任务都要有完成期限。形成一份文件，明确什么时候应该提醒，什么时候应该获得结果，什么时候提交中期报告，等等。

- 每天都有一个代办事项清单。每天至少完成和审批一项重大业务。

- 区分紧急任务与重要任务。对其优先顺序进行排列，首先关注紧急重要的事情，重要但不紧急的任务排在第二位，紧急但不重要的事情排在第三位。

- 明确产生 80% 成效的那 20% 的任务（帕累托定律）。确定衡量这些任务成功的标准。给予它们最高的重视程度并为其配置顶级人才。

- 记录组织和个人使用时间的情况。你每天是怎样花费自己的时间的？组织内每天是怎么样使用时间的？确定哪些需要进行压缩。

- 在举办所有的短会时，让所有的人员站着，以确保会议简短。确定时限，在每次会议之前说明议程，即使是非正式会议也要如此。做好会议记录，并对会议制定的决策进行后期跟踪。不要安排过多事项，大家需要为个人思考留些时间。

- 坚持让下属自己形成问题的解决方案而不是直接提供给他们。避免向上授权。

- 明确你希望下属在接受任务时具备的主动性水平：（1）等待被告知去做什么，然后行动；（2）询问需要采取哪些行动，然后执行；（3）提出行动方案建议；（4）在采取行动之后汇报；（5）独立行动，不需要进行专门汇报。

管理协调

- 与代表顾客和供应商的人保持密切的工作关系。

- 通过将信息传递给上级关键人物，预测他们的需求并提前做出反应，对层级高于你的人员进行有效管理，并在上级人员和业务单元那里保持存在感。

- 与顾客和供应商定期会面，对日程、工作进展、要求和期望进行协调。
- 开展走动式管理。让员工以及需要与其他职能部门进行协调的人员可以找到和看到你。
- 通过工作小组的形式在你的业务单元内部促进跨职能团队的建设。邀请其他职能部门的人员加入工作小组，促进与其他职能部门的同级的信息分享，以及从其他业务单元获得所需的信息等。
- 当你的业务单元接收到复杂的信息（技术信息、项目和预算数据）时，理解并分享给你管理的人员。
- 为你的业务单元形成一份关于所有重要活动关键利益相关者的清单：供应商、服务提供者、顾客、政治方面的强势局外者以及其他人员。保证这些利益相关者可以获得相关信息，定期沟通成果，并征询对方的期望。
- 为业务单元内部的每项重要活动至少确定一位拥护者和支持者，同时确保这个人与其他业务单元进行联络。
- 确保组织内部人员和你联系的外部人员可以获得所有必要的信息。为了保证联系顺畅，避免因为未尽早提供信息让其他业务单元或人员没有做好准备而惊慌失措。
- 理清从需要协调的其他人员或者业务单元处获得的信息。
- 建立定期会面制度，与业务单元之外的人员进行协调。将之作为常规做法而非应急做法。

● 在跨职能或者跨业务单元分配工作时一定要保证质量。在工作量、关注度、与最终产出的密切度以及所需资源数量方面保证公平性。

● 对向上、向下和水平沟通的状况进行监控。产生了多少过滤，以及是谁产生的？能否让信息无损地传递和接收？努力让沟通渠道畅通无阻。

● 为业务单元的每一个关键程序形成流程图。对超越组织界限——必须与其他业务单元或者层级进行沟通——的过程给予特别关注。使用这些图识别重合的区域、必要的信息流以及涉及的人员。

● 使用有效委派和授权的原则。例如，在委派事项时要清晰完整，保证权力和责任之间的对等性，在委派的任务中允许参与，在既定的框架内开展工作，对委派的任务提供支持，聚焦于对结果的责任，以及保持委托的一致性。

● 运用有效会议管理原则一定要一丝不苟。例如，永远有会议议程，清楚会议的目的，按时开始和结束，要求每位参与人员做好准备，提前提供重要的信息，保证会议聚焦于目标，并在会议结束时对行动步骤和一致意见进行总结。

附录E

轮廓绘制图

部落型文化	委员型文化
组织氛围非常友好，人们彼此可以分享很多内容。它就像一个大家庭。领导者或者组织负责人被当作导师，他们甚至树立了父母的形象。忠诚和传统将组织凝聚在一起。敬业度很高。组织强调人力资源开发的长期利益，高度强调凝聚力和士气。人们对成功的定义是关注客户、并心他人。组织鼓励团队精神、参与和共识。	组织充满活力、创业精神和创造力。人们敢于冒险和承担风险。人们认为领导者是创新者和风险承担者。将组织凝聚在一起的黏合剂是对尝试和创新的投入。组织强调引领前沿。组织长期的关注点是成长和获取新资源。成功意味着获得独特、新颖的产品或服务。成为产品或服务的领先者非常重要。组织鼓励个体的主动性和自由。
等级型文化	**市场型文化**
组织氛围非常正式和结构化。程序决定了人们做什么。领导者引以为豪的是成为优秀的协调者和组织者，推崇效率。维持一个运行顺畅的组织至关重要。正式规则和政策将组织凝聚在一起。组织长期的关注点是稳定性以及有效、顺畅的运营。人们对成功的定义是可靠的交付物、顺畅的日程安排和低成本。员工管理的重点是职业安全和可预测性。	组织坚持结果导向。主要关注点是完成工作。人们崇尚竞争，以目标为导向。领导者是坚定的驱动者、生产者和竞争者。他们强硬、要求苛刻。将组织凝聚在一起的黏合剂是对获胜的关切。名誉和成功是共同的关注点。长期的关注点是竞争措施以及可量化目标和目的的实现。人们以市场份额和渗透率定义成功。富有竞争力的价格和市场领导力至关重要。组织风格是强劲的竞争力。

图 E－1　组织文化轮廓绘制图

灵活和自由
部落型文化（A）
委员型文化（B）
50
40
30
20
10
关注内部和整合
关注外部和差异
10
20
30
40
50
等级型文化（C）
市场型文化（D）
稳定和控制

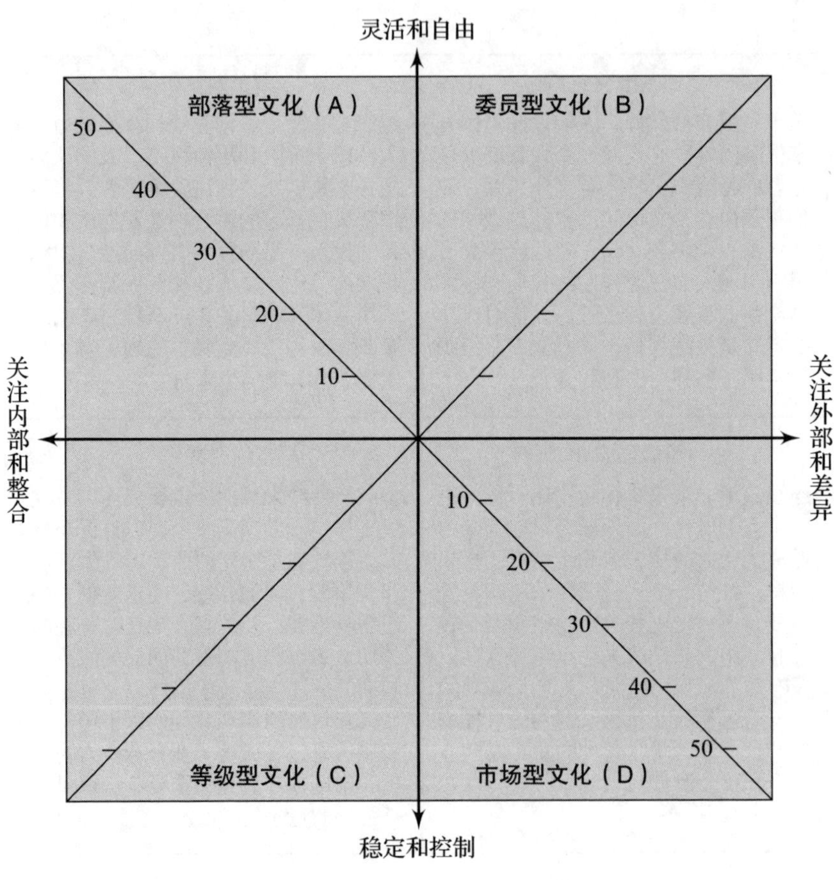

图 E-1 （续）

部落型文化 领导角色	委员型文化 领导角色
促进者以人为本，重视过程。该人管理冲突、寻求共识。其影响力来自让人们参与角色制定和问题解决。参与和坦诚受到积极推崇。 导师要有爱心和同理心。该人了解他人，并关注他人的需要。其影响力来自相互尊重和信任。士气和忠诚受到积极推崇。	创新者聪明且富有创造力。该人构想变革的愿景。其影响力来自对更美好未来的预测，给其他人带来希望。创新和改变受到积极推崇。 有远见者是在思维方面以未来为导向。该人聚焦于组织当前身处何地，强调可能或者极可能会发生的事情。战略方向和对当前活动的持续改进是这种风格的典型特征。
等级型文化 领导角色	**市场型文化 领导角色**
监控者是技术专家，知识渊博，该人记录所有的细节，并贡献个人专业经验。其影响力来自信息控制。记录和信息管理受到积极推崇。 协调者是可以依赖和信赖的。该人维持着工作的结构和进展。其影响力来自环境工程、日程管理、任务分配和空间布局等。稳定和控制受到积极推崇。	竞争者积极进取，决策果断。该人积极追逐目标和指标，竞争性环境可以激发其活力。制胜是主导型目标，关注点在于外部竞争者和市场地位。 生产者是任务导向的，聚焦于工作。该人通过努力工作完成事情。其影响力来自围绕完成事情进行的高强度工作和理性分析。生产力受到积极推崇。

图 E－2　管理能力轮廓绘制图

部落型文化
委员型文化
灵活
管理团队
管理创新
管理人际关系
管理未来
管理他人发展
管理持续改进
内部
外部
管理协调
管理竞争力
管理控制体系
激发员工活力
管理文化适应性
管理客户服务
控制
等级型文化
市场型文化

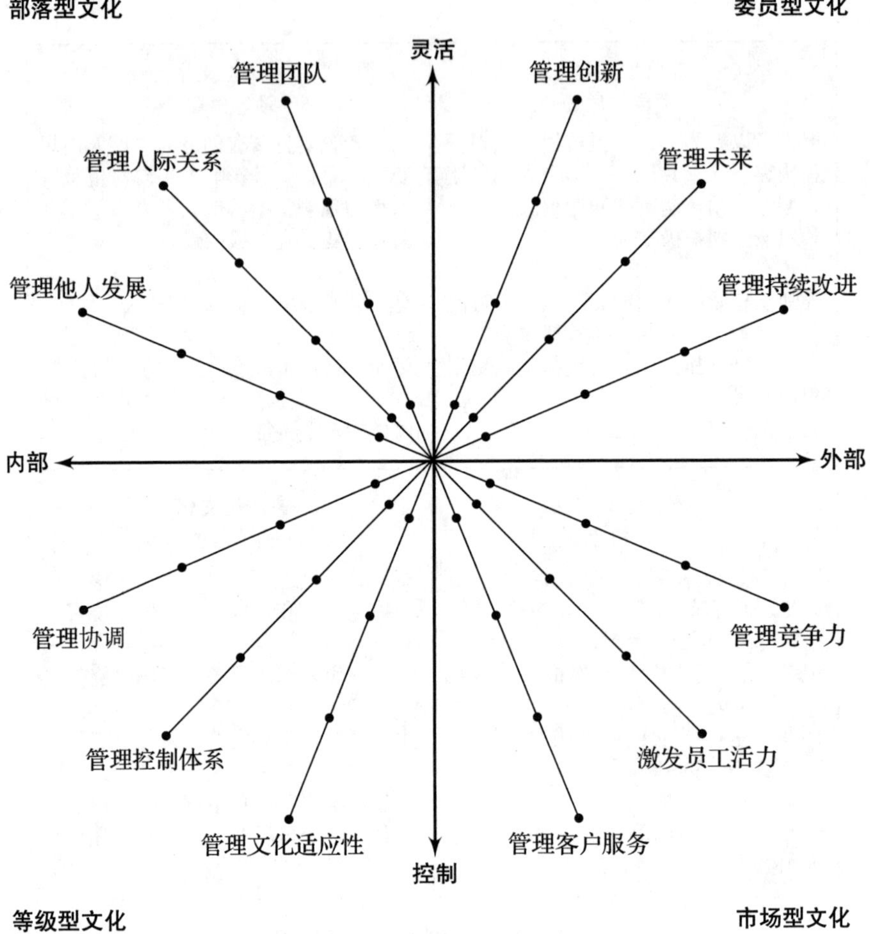

图 E－2 （续）

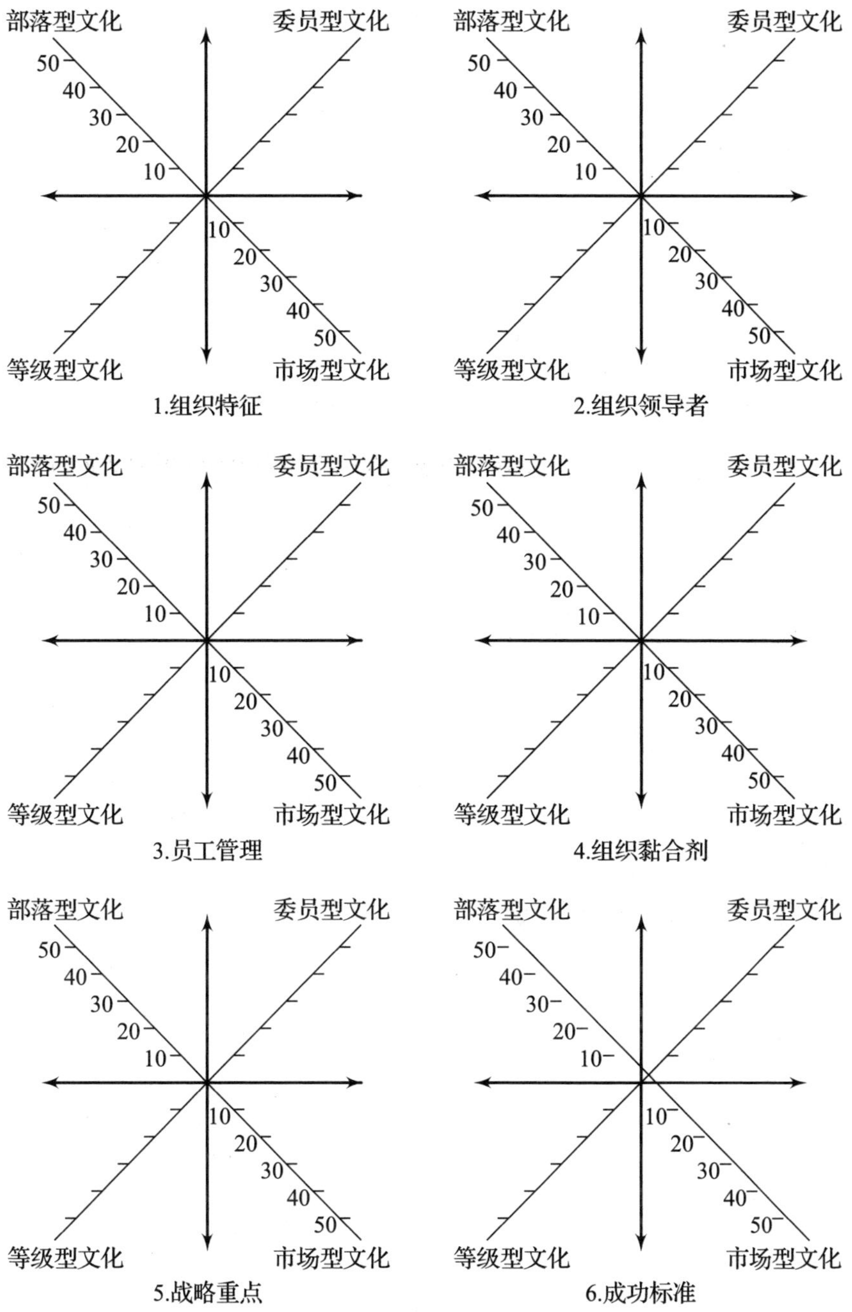

图 E-3　OCAI 单个要素轮廓绘制图

Diagnosing and Changing Organizational Culture: Based on the Competing Values Framework, 3rd Edition by Kim S. Cameron & Robert E. Quinn

ISBN: 9780470650264

图书在版编目（CIP）数据

组织文化诊断与变革：第三版 / 金 · 卡梅隆，罗伯特 · 奎因著；王素婷译 . —北京：中国人民大学出版社，2020.1

ISBN 978-7-300-27553-6

Ⅰ . ①组…　Ⅱ . ①金…　②罗…　③王…　Ⅲ . ①企业文化 – 研究　Ⅳ . ① F272-05

中国版本图书馆 CIP 数据核字（2019）第 226458 号

组织文化诊断与变革（第三版）

金 · 卡梅隆
罗伯特 · 奎因　著
王素婷　译

Zuzhi Wenhua Zhenduan yu Biange

出版发行	中国人民大学出版社		
社　　址	北京中关村大街 31 号	**邮政编码**	100080
电　　话	010 – 62511242（总编室）		010 – 62511770（质管部）
	010 – 82501766（邮购部）		010 – 62514148（门市部）
	010 – 62515195（发行公司）		010 – 62515275（盗版举报）
网　　址	http://www.crup.com.cn		
经　　销	新华书店		
印　　刷	北京联兴盛业印刷股份有限公司		
规　　格	160mm × 230mm　16 开本	**版　　次**	2020 年 1 月第 1 版
印　　张	17.75　插页 2	**印　　次**	2023 年 3 月第 4 次印刷
字　　数	168 000	**定　　价**	65.00 元